CARACTÈRES

SERVANT A LA

NOTATION DE LA MUSIQUE

APPLIQUÉE ET ÉTUDIÉE AU MOYEN

D'UN

SYSTÈME NOUVEAU

DE

CLAVIERS

Brevet d'invention s. g. d. g.

PAR

L'ABBÉ MAURICE DÉPIERRE

CURÉ DE COPPONEX (HAUTE-SAVOIE)

« Le chemin le plus court, s'il est en même temps le plus facile, est nécessairement le meilleur. »
E. JUE, *la Mus. app. sans mait.*, § 199.
« L'invention d'un système de notation plus simple et plus clair est donc la première condition à remplir, si l'on veut réellement populariser la musique. »
B. DUPINEY DE VOREPIERRE, *Dict. fr. ill.*, art. *Musique*, n° 4.

ANNECY
IMPRIMERIE DE CH. BURDET
—
1872

CARACTÈRES

SERVANT A LA

NOTATION DE LA MUSIQUE

APPLIQUÉE ET ÉTUDIÉE AU MOYEN

D'UN

SYSTÈME NOUVEAU

DE

CLAVIERS

Brevet d'invention s. g. d. g.

PAR

L'ABBÉ MAURICE DÉPIERRE

CURÉ DE COPPONEX (HAUTE-SAVOIE)

> « Le chemin le plus court, s'il est en même temps le plus facile, est nécessairement le meilleur. »
> B. Jue, *la Mus. app. sans mait.*, § 199.
> « L'invention d'un système de notation plus simple et plus clair est donc la première condition à remplir, si l'on veut réellement populariser la musique. »
> B. Dupiney de Vorepierre, *Dict. fr. ill,* art. *Musique*, n° 4.

ANNECY

IMPRIMERIE DE CH. BURDET

—

1872

**Toute reproduction de l'une ou de l'autre nota-
tion nouvelle est absolument interdite.**

APERÇU

I. **Notation** en caractères nouveaux et faciles à tracer; sur la portée ou sans la portée; mélodie, harmonie : gamme distincte et monogammique pour chacun des deux modes usuels et des huit modes du plain-chant; mode *neutre*, nouveau.

II. **Portée** de 4 lignes en rapport avec la portée de 5 lignes, par un seul trait supplémentaire soit au-dessous, soit au-dessus des 4 lignes, ramenant dans la portée toute note inférieure à *ut* ou supérieure à *fa* en dehors de la portée; nom invariable aux barreaux de la portée admettant toute espèce de notes.

III. **Guidon**, composé d'un trait auquel on ajoute, à différentes positions, soit un autre trait plus petit, pour distinguer les différentes octaves, soit une tonique, pour distinguer et les octaves, et le ton et le mode; on ne l'emploie qu'en tête du morceau ou, au besoin, dans le courant du morceau.

IV. **Théorie** musicale par la gamme harmonique; expression graphique des accords plus simple et plus claire que par le chiffrage usuel, en toutes notes ou en formules; carrés harmoniques fournissant à première vue un nombre considérable de permutations dans l'ordre des notes d'un même accord.

V. **Sténographie** musicale, réduite à sept traits simples, soit aux sept notes prosodiques.

VI. **Claviers**. Pour vulgariser l'étude et la pratique de la musique, il ne suffisait pas d'avoir réformé la notation, il fallait aussi réformer le clavier, et le rendre tel qu'on pût y conserver un *doigté invariable* pour tout *même intervalle* d'un bout du clavier à l'autre bout, à partir d'une note quelconque prise dans la même rangée; c'est ce que nous avons fait dans l'un et l'autre de nos deux systèmes de clavier, en donnant une autre disposition aux touches du clavier actuel. Ex. 1 et 2. Ce ne sera pas à la réflexion, mais aux doigts que l'on demandera quelles sont les notes à altérer; ils s'y porteront d'eux-mêmes par habitude; il suffira de regarder leur position.

VII. Dans le clavier, ex. 2, on a de plus la faculté de toucher un accord de deux sons par un seul doigt, et l'accord de neuvième de dominante par trois doigts seulement, un seul doigt, placé sur deux touches voisines, faisant sonner l'accord mineur dans l'une ou l'autre des trois rangées horizontales de ce clavier.

VIII. Avec sept touches par octave pour le clavier, ex. 1 et cinq seulement pour le clavier ex. 2, l'un et l'autre de nos claviers donne un plus grand nombre de secondes mineures que n'en donne le clavier usuel avec huit touches. Les touches de l'un et de l'autre de ces claviers pouvant être de la même largeur que celles du clavier usuel, on comprend qu'il y aura huit octaves pour sept dans le clavier, ex. et cinq octaves pour trois dans le clavier ex. 2, comparativement au clavier usuel. Tout à gagner donc avec nos claviers et pour le jeu et pour la construction. Nous conseillons le clavier ex. 2, aux élèves de notre méthode, et le clavier ex. 1, aux praticiens habitués au clavier usuel.

APPROBATIONS.

Annecy, 14 février 1846.

Monsieur l'Abbé,

J'ai parcouru votre système; je l'ai compris. Il me paraît bon; mais, pour le succès, je le regarde comme impossible, parce que la place est prise dans le monde entier par un système moins parfait, mais qui répond aux besoins.

Adieu, monsieur; croyez aux sentiments de la parfaite estime de

Votre dévoué

† LOUIS, *Évêque d'Annecy.*

Non-seulement cet opuscule ne renferme rien qui soit contraire à la doctrine catholique, mais le but fort louable du pieux auteur de populariser la connaissance et la pratique de la *Musique religieuse*, la clarté de ses définitions, son allure à la fois simple et magistrale : tout porte à croire que sa publication sera vraiment utile à la religion.

Le 27 mars 1872.

Veyrat-Charvillon, *chanoine,*
Membre du Comité diocésain de Censure ecclésiastique.

CARACTÈRES

SERVANT A LA

NOTATION DE LA MUSIQUE

Notation musicale.

1. La *Notation* musicale est la manière d'écrire, soit de noter la musique.

2. La *Musique* est l'expression d'un certain ordre de pensées, ou de sentiment, au moyen des sons musicaux.

3. Le *Son musical* est celui que l'on produit en chantant, et que l'on peut imiter au moyen d'un instrument de musique.

4. Il y a deux sortes de notations : la notation *sur* la portée et la notation *sans* la portée.

Notation sur la portée.

5. La *Portée* est un assemblage de quatre ou cinq lignes horizontales, parallèles et à égale distance entre elles. Ex. 6.

6. Nous emploierons la portée de quatre lignes, parce qu'elle facilite la lecture; et qu'elle suffit, au moyen d'un trait additionnel ou du guidon, employés au besoin, pour écrire toute espèce de musique, profane ou religieuse.

7. Le *Trait additionnel* est un petit trait tenant lieu d'une ligne en bas ou en haut de la portée, et portant toujours une note. Ex. 6. *a, b.*

8. Les notes s'écrivent sur les lignes, soit barreaux *noirs*, et dans les interlignes, soit barreaux *blancs*.

9. Les barreaux de la portée indiquent les différents degrés que la voix parcourt en chantant, et portent un nom invariable qu'ils communiquent aux notes qui les occupent. Ex. 7 (note A).

Notes. — Silences.

10. Les *Notes* sont les caractères qui représentent à l'œil les sons ; les *Silences* indiquent une interruption de son proportionnée à la durée des notes auxquelles ils correspondent. Ex. 8.

11. On peut employer sur la portée deux sortes de notes : les notes à figure différente, soit *figurées*, et les notes à figure uniforme ; les silences sont les mêmes pour les unes et pour les autres.

12. Les notes *figurées* déterminent par elles-mêmes et le degré et la durée des sons. Ex. 7 et 8 ; et servent pour les deux modes *sur la portée*.

13. Chaque note de la série *a*, ex. 7, se prolonge en durée deux fois plus longtemps que chaque note de la série *b*, se prolongeant aussi deux fois plus longtemps que celles de la série *c* ; ainsi de suite, dans le rhythme *binaire*.

14. Dans le rhythme *ternaire*, chaque note de la série *a*, et des suivantes, se prolonge trois fois plus longtemps que chaque note de la série qui la suit. Ex. 7 et 10.

15. Le point *rond*, dans le rhythme *binaire*, augmente de moitié la durée de la note ou du silence placés en-dessus : Ex. 9 ; le point *allongé*, dans le rhythme *ternaire*, n'augmente la durée que d'un tiers : Ex. 12.

16. Dans l'Ex. 11 et 17, on a le tableau comparatif des notes et des silences: notation nouvelle, dans la ligne supérieure ; notation usuelle, dans la ligne inférieure ; correspondance, de note à note, en ligne verticale.

17. Nous pouvons employer sur la portée deux sortes de notes à figure uniforme : la note *carrée*, pour le mode *majeur* : Ex. 13. *a* ; la note *ronde*, pour le mode *mineur* : Ex. 13. *b*.

18. Les notes *uniformes* ne déterminent que les *degrés* du son, pour déterminer la *durée*, il faut leur adjoindre des signes, que nous appelons *temps*, et qui correspondent, *en durée*, aux notes figurées placées en-dessus dans l'ex. 14, et à leurs silences, ex. 8. On voit qu'à partir de la carrée, soit du 16e, les petites notes reprennent les *temps* des grandes notes. Ex. 14.

Mesure.

19. La Mesure est le partage d'un morceau de musique en espaces égaux, marqués, dans l'exécution, par une accentuation plus forte, ou par un choc du pied ou de la main, et, dans l'écriture, par une barre verticale, occupant les quatre lignes de la portée et les trois lignes fictives de la notation sans la portée.

Temps.

20. La mesure se subdivise en *Temps* d'égale durée.

21. Il y a des mesures à un, ou à deux, ou à trois, ou à quatre et même à cinq *Temps*, que l'on distingue, dans l'exécution, par l'accentuation forte de la mesure, pour le premier temps ; moins forte, pour le troisième temps, dans la mesure à quatre temps ; faible, pour les autres temps.

22. Dans l'écriture, on distingue les temps par la barre de mesure ; et, dans la notation *figurée* sur la portée, par une autre barre plus courte, n'occupant

qu'un des barreaux de la portée ; Ex. 19 ; dans toute autre espèce de notation, par les points, ou par les traits simples, ou pointés en ligne horizontale, appelés pour cela *Temps*. Ex. 15, 16, 18, 19. *a*, mesure à un temps ; *b*, mesure à deux temps ; *c*, mesure à trois temps ; *d*, mesure à quatre temps.

23. On peut aussi *battre* la mesure, c'est-à-dire marquer, par le mouvement et le choc du pied ou de la main, les temps, leur différence d'intensité et leur égalité de durée. Il faut que chaque temps soit marqué par un mouvement franc, rapide et d'égale durée.

24. Dans la plus grande partie de l'Italie, on frappe les deux premiers temps de la mesure ; on marque les autres par un mouvement en l'air. En France et ne Allemagne, on ne frappe que le premier temps ; on marque les autres par des mouvements de la main, à gauche, ou à droite et en haut.

25. Les lignes et l'ordre des chiffres placés au bout, dans les exemples suivants, indiquent cette dernière manière de battre la mesure : Ex. 22, mesure à 2 temps : 1, frappé ; 2, levé. Ex. 23, mesure à 3 temps : 1, frappé ; 2, à gauche ; 3, levé. Ex. 24, mesure à 4 temps : 1, frappé ; 2, à gauche ; 3, à droite ; 4, levé.

Rhythme.

26. Le Rhythme est l'impression produite par le retour régulier des mêmes temps et de leurs mêmes subdivisions.

27. Si les temps, ou leurs subdivisions en notes, ou silences, arrivent en nombre *pair*, on a le Rhythme *binaire*, ex. 8, 18 et 19 : *b* ; s'ils arrivent, au contraire, en nombre *impair*, on a le Rhythme *ternaire*, ex. 9, 10, 19 : *c* et 21.

28. On peut varier l'impression du Rhythme en introduisant les subdivisions *binaires* des notes, ou des silences, dans le Rhythme *ternaire*, ex. 21. *c* ; et les subdivisions *ternaires*, dans le Rhythme *binaire*, c'est-à-dire prendre trois notes pour deux, dans le rhythme binaire, ou deux notes pour trois, dans le rhythme ternaire.

29. On reconnaîtra que le rhythme ternaire est mêlé au rhythme binaire par l'introduction de la subdivision ternaire dans un passage d'un morceau à subdivision binaire. De même, le mélange du rhythme binaire dans le rhythme ternaire se reconnaîtra par les passages à subdivision binaire. Ex. 21. *c*.

Durée des Temps.

30. On peut fixer la durée des Temps d'une mesure par les oscillations d'un pendule, ou par les battements d'un métronome (Note B).

31. Pour cela, on placera en tête du morceau de musique une espèce de fraction arithmétique, dont le chiffre supérieur indiquera le nombre des Temps de la

mesure. En-dessous de ce chiffre, on aura l'espèce de Temps pris pour unité, et plus bas, un autre chiffre indiquant la durée du Temps en secondes, marquées par ", ou en battements du métronome, marqués par m et par les premières lettres du nom du métronome choisi par le compositeur. Ex. 21. $\frac{3}{1}$,, mesure à 3 Temps ; l'unité prise pour unité de Temps ; chaque Temps durant une seconde : a, a' une seule note dans chaque, division *ternaire* ; b, trois demies pour chaque Temps ; c, c' deux demies pour chaque Temps, division *binaire*.

32. On peut donc avoir des mesures à 2 doubles, soit à une quadruple ; à 3 triples, soit à une nonuple ; à 2 unités, soit à une double ; à 3 unités, soit à une triple ; à 2 demies, soit à une unité ; à 3 tiers, soit à une triple, ainsi de suite.

33. Plus la valeur de l'unité *temps* sera petite, plus, en général, une composition sera exécutée avec douceur, et, *vice versà*; plus cette valeur sera grande, plus l'exécution sera énergique. Par conséquent, deux unités, dans un *allegro*, durant chacune une seconde, seront exécutées avec plus d'énergie que deux quarts, dans un *largo*, durant aussi chacun une seconde. C'est ainsi que les différentes espèces de mesure offrent au compositeur un puissant moyen de caractériser sa composition.

Syncope.

34. On appelle *Syncope* le prolongement d'un *temps*, ou d'une partie de temps, sur le temps suivant.

35. La *Syncope* est égale ou brisée : *égale*, lorsque la durée des deux parties est égale : Ex. 20 : a, a' ; *brisée*, lorsque la durée est moindre dans l'une des parties que dans l'autre : Ex. 20 : b, b', c'.

36. La *Syncope* s'indique : dans l'écriture, par un arc de cercle englobant les deux parties : notes, ou note et silence. Ex. 20 : a, a' ; b, b' ; c, c' ; dans l'exécution, par le prolongement de la première partie jusqu'à l'expiration de la seconde.

Notation sans la portée.

37. Dans la Notation sans la portée, on peut employer différentes sortes de notes, lesquelles, par la différence de leur figure, déterminent les divers degrés que la voix parcourt en chantant.

38. Nous emploierons les notes de l'ex. 3 pour le mode majeur, et les notes de l'ex. 4 : a, pour le mode mineur.

19. Ces notes s'écrivent sur trois lignes fictives, dont une, celle du milieu, est tracée par les temps, et les deux autres par les notes placées en dessus des temps, dans le mouvement ascendant : Ex. 5, a, gamme ascendante du ton d'*ut* ; et en dessous des temps, dans le mouvement descendant. Ex. 5, a', gamme

descendante du ton d'*ut*. Ex. 5 : gamme ascendante et descendante du ton de *la* : *c, c'*.

40. Les *temps* tiennent lieu de *silence* : 1° lorsqu'ils sont employés sans note en ligne verticale ; 2° lorsqu'ils figurent dans la ligne des notes. Ex. 15, 16 et 20.

41. Les notes *prosodiques*, ex. 4, *f*, serviront à volonté, pour l'un et l'autre mode : ex. 5 : *b-d*, surtout pour noter à la main sur les imprimés ; une des toniques ci-dessus fera seule distinguer le mode dans l'écriture ; il en pourrait être de même pour chaque espèce de notes.

Intonation.

42. L'*Intonation*, ou l'art d'entonner, est la manière de produire les sons relativement à l'échelle, à l'intervalle, au ton, au mode et à l'intensité qui leur sont propres.

Echelle musicale.

43. L'*Échelle musicale* est la série graduée des sons à partir d'un son fondamental, se reproduisant la même d'octave en octave plus aiguë ou plus grave.

44. La grande Échelle musicale renferme tous les sons appréciables et praticables du grand-orgue, et porte le nom de *grand-clavier*.

45. Le son le plus bas, soit le plus grave du grand-clavier, est rendu par le tuyau ouvert, long de $10^m,1957$ (31 pieds $\frac{187}{1000}$) diapason normal de 1859, et le plus haut, soit le plus aigu, par le dernier tuyau du jeu de flageolet, long d'environ 5 millimètres (orgue de Saint-Sulpice, à Paris).

46. Nous distinguerons les différentes octaves du grand-clavier par un signe que nous appellerons *Guidon*, et que nous placerons, soit en tête d'un morceau de musique, soit dans le cours du morceau en dessus ou en dessous d'une note.

Guidon.

47. Le *Guidon* est un signe déterminatif des octaves ; il est *simple* ou *composé*.

48. Le Guidon *simple* est un petit trait placé en dessous d'une note pour la porter à l'octave supérieure ; ex. 32 : *la-ut* ; placé en dessus de la note pour la porter à l'octave inférieure ; ex. 28 : *la, si*.

49. Le Guidon *composé* prend un autre trait plus petit, lequel, par ses différentes positions sur le plus grand, détermine les différentes octaves du grand-clavier, quelle que soit sa position. Ex. 31 : les chiffres indiquent l'ordre et le rang des octaves déterminées par le guidon inférieur en ligne verticale du chiffre.

Gamme.

50. La *Gamme* est une série de huit notes commençant par une des sept premières notes de l'une des octaves de la grande échelle musicale.

51. Il y a deux sortes de Gammes : l'*harmonique* et la *diatonique*.

52. La *Gamme harmonique* est la série des huit harmoniques d'un son pris pour fondamental.

53. Le son *harmonique*, soit l'*harmonique* d'un son, est le son qui résonne plus faiblement en même temps qu'un son plus fort est produit.

54. Le huitième son de la Gamme harmonique est la reproduction du premier, le fondamental, et le quinzième, soit le huitième de l'octave en dessus de celle où est pris le son fondamental. Ex. 32 : *a*, gamme harmonique, embrassant deux octaves.

55. La Gamme *diatonique* est l'alternation des quatre premiers harmoniques avec les quatre derniers ramenés à l'octave inférieure. Ex. 32 : *b*, quatre premiers harmoniques ; *c*, quatre derniers harmoniques, ramenés en *d* à l'octave inférieure ; *e*, gamme *diatonique*.

Intervalles.

56. L'*Intervalle* est la distance d'un son à un autre son, plus aigu ou plus grave.

57. Les sons dans la gamme *diatonique* sont, entre eux, à distance de seconde majeure ou mineure.

58. Il y a cinq secondes majeures, dont trois *fortes* qui se trouvent entre *ut-ré*, *fa-sol*, *la-si*. Ex. 35 : *a*, *a'*, *a''* ; et deux *faibles*, qui se trouvent entre *ré-mi* et *sol-la*. Ex. 35 : *b*, *b'*. Il y a deux secondes mineures qui se trouvent entre *mi-fa* et *si-ut*. Ex. 35 : *c*, *c'*.

59. Les secondes majeures *faibles* ont un *comma* de moins que les secondes majeures *fortes*.

Intervalles Conjoints, — Disjoints.

60. Les secondes, majeures ou mineures, forment des intervalles *Conjoints* ; les intervalles formés avec saut d'une ou de plusieurs notes intermédiaires de la gamme diatonique, sont ceux qu'on appelle intervalles *Disjoints*.

61. L'intervalle *Disjoint* s'appelle *tierce*, lorsqu'il y a saut d'une note ; ex. 37 : *a* ; *quarte*, lorsqu'il y a saut de deux notes ; ex. 37 : *b* ; *quinte*, lorsqu'il y a saut de trois notes ; ex. 37 : *c* ; *sixte*, *septième*, *octave*, lorsqu'il y a saut de quatre, de cinq, de six notes entre les deux notes formant l'intervalle. Ex. 37 : *d*, *e*, *f*.

62. Deux ou plusieurs notes, de même nom et de même degré, forment l'*unisson* ou l'*octave*, s'il y a saut.

Intervalle Simple, — Redoublé.

63. L'Intervalle *Simple* est celui qui n'atteint pas l'octave ; on le considère comme *étroit*, s'il n'atteint pas la quinte, et déjà comme *large*, s'il atteint la quinte.

64. L'Intervalle *Redoublé*, soit *composé*, est celui qui atteint ou dépasse une ou plusieurs fois l'octave. Ex. 39 : *a*, octave d'*ut*, ou *ut* redoublé ; *b*, *ut* deux fois redoublé ; *c*, *ut* trois fois redoublé ; *d*, *ut* quatre fois redoublé, à l'octave quatrième en dessus de l'*ut* marqué par le guidon en *a* ; *e*, *si* à l'octave inférieure du *si* suivant ; *f*, *si* à la double octave du *si* suivant ; *g*, *si* à la triple octave en dessous du *si* suivant.

Ton Tonique, — Tonales, — Transitives.

65. Le mot *Ton* désigne tantôt un son soutenu, par ex. le ton du diapason ; tantôt une seconde majeure, par ex. : il y a un ton entre *ut-ré* ; quelquefois il signifie la première note d'une gamme, par ex. : le ton d'*ut*, pour dire la gramme d'*ut*, c'est-à-dire la gamme dont la *prime*, soit la première note, est *ut* ; c'est pour cela que cette première note prend le nom de *Tonique* ; d'autres fois, il a le sens de *mode*, par ex. : ton majeur d'*ut*, pour dire gamme d'*ut*, mode majeur.

Intervalle Majeur, — Mineur.

66. L'Intervalle *Majeur* contient une seconde de plus que l'intervalle *Mineur*.

67. Jusques et y compris la quarte, tout intervalle est *mineur*, s'il contient une seconde *mineure* ; et *majeur*, s'il n'en contient point ; depuis la quinte, tout intervalle est *majeur*, s'il ne contient qu'une seconde *mineure* ; et *mineur*, s'il en contient deux.

Renversement des Intervalles.

68. On renverse un intervalle en portant à l'aigu sa note grave, ou au grave sa note aiguë. Ex. : *mi-ut*, *a*, est le renversement d'*ut-mi*, *b c*, et *ut-mi* le renversement de *mi-ut*. Ex. 38 et 40.

69. Par le renversement, les intervalles changent de qualité : les *majeurs*, par exemple, deviennent *mineurs*, et, réciproquement, les *mineurs* deviennent *majeurs*. Ex. : *ut-mi*, tierce *majeure* ; *mi-ut*, sixte *mineure*.

Complément d'un intervalle.

70. Le *Complément* d'un intervalle est ce qu'il faut ajouter à cet intervalle

pour qu'il atteigne et *complète* l'octave. Par ex. la *tierce* : *ut-mi*, exprimée par 3, devient *sixte* ; *mi-ut*, exprimée par 6 dans le renversement. Ex. 40, *a* : la sixte *mi-ut* est le *complément* de la tierce *ut-mi*, *c*.

71. On pourra donc, par le renversement ou par le complément des intervalles, connaître sur-le-champ le nom et la qualité d'un intervalle un peu *large* qu'on ne peut saisir à première vue. Dans l'ex. 40 précédent, *mi-ut* est déjà un intervalle *large*; par le renversement *ut-mi*, *c*, j'ai une tierce *majeure*; donc, *mi-ut* est une sixte *mineure* : car $3 + 6 = 9$, somme d'un intervalle et de son complément.

72. Si, en additionnant 3 et 6, expressions de la tierce et de la sixte, on a 9 pour total, au lieu de 8, expression de l'octave, c'est que l'une des deux notes est exprimée deux fois, comme terme commun à l'intervalle direct et à son renversement. Sachant que l'expression numérique d'un intervalle et celle de son renversement doivent toujours donner, par l'addition, le chiffre 9, on aura un nouveau moyen d'obtenir de suite le nom et la qualité d'un intervalle renversé ou direct, par ex. : si j'ai *mi* au grave, *ut* à l'aigu, en renversant, j'obtiens *ut-mi*, tierce exprimée par 3 : $3 + 6 = 9$; donc *mi-ut*, intervalle de sixte. *Ut-fa*, quarte ; donc *fa-ut*, quinte : $5 + 4 = 9$.

Altération des Intervalles.

73. On peut altérer les intervalles par le *dièse* et par le *comma*.

74. Le *dièse* (division) hausse ou baisse la note d'une seconde mineure.

75. Nous appellerons simplement *dièse*, selon l'usage, le *dièse haussant* ; et *hypodièse*, le *dièse baissant*, soit le *bémol* usuel ; *bémol* est un mot impropre qu'il faut rejeter.

76. Le *dièse* a, pour expression graphique, un point dans l'intérieur de la note, ou bien un trait montant de gauche à droite, soit à travers la note, soit en dessous de la note. Ex: 4 : *b*, et ex. 36 : *a*.

77. L'*hypodièse* (bémol usuel) a pour expression graphique un trait dans la note, ou bien un trait descendant de gauche à droite, soit à travers la note, soit en dessus de la note. Ex. 4 : *c*, et ex. 36 : *b*.

78. On obtiendra l'expression numérique de l'*hypodièse* en multipliant l'expression numérique de la note vers laquelle il monte : 1° par le rapport 16/15, expression en longueur de corde ou de tuyau ; 2° par le rapport 15/16, expression en vibrations en une seconde, rapport inverse du précédent.

79. La_5 *hypodièse* (la_5 bémol), ou *sol* dièse, en longueur : $0^m,382338 \times 16/15 = 0^m,4078272$; en vibrations : $870^v \times 15/16 = 815^v 5/8$. Ex. 49 : col. *f* et *h*.

80. Les longueurs et les vibrations du la_5 dièse s'obtiendront par les rapports inverses :

81. La_5 dièse, en longueur de corde : $0^m,382338 \times 15/16 = 0^m,35843$; en

vibrations : 870×16/15=928^v. Même procédé pour tous les *hypodièses* et pour tous les dièses. Ex. 49.

82. D'après ce principe, que toute *sensible*, soit *sous-tonique*, doit donner avec la tonique un intervalle de seconde mineure diatonique, il faudra, dans l'estimation de la corde, soit du tuyau, ou des vibrations de la sous-tonique, considérer celle-ci comme hypodièse, et non comme dièse, lequel ne peut pas donner, dans tous les tons, une seconde mineure sous-tonique égale à la seconde mineure diatonique. Il est évident, en effet, que le *fa* dièse, en *sol* mineur, ne donne pas la même seconde mineure que le *sol* dièse en *la* mineur, puisque, de *fa* à *sol*, il y a une seconde majeure *forte*, et que, de *sol* à *la*, il n'y a qu'une seconde majeure *faible*.

83. Nous rejetons donc aussi le rapport 24/25, expression usuelle du dièse, ou du bémol en rapport inverse, parce qu'il ne donne pas la seconde mineure diatonique. En procédant ainsi, nous revenons à l'usage des anciens, qui solfiaient toutes les secondes mineures par *mi-fa*, *fa-mi*, ou par *si-ut*, *ut-si* ; mais, par notre solfége monogammique, nous évitons l'embarras des muances des anciens, et le trop grand nombre de dièses ou de bémols des modernes.

Comma.

84. Le *Comma* est un intervalle beaucoup moindre que la seconde mineure ; on peut le considérer comme la neuvième partie d'une seconde majeure *forte* ; son expression numérique, selon les physiciens, est : 1° en longueur de corde : 80/81 ; 2° en vibrations : 81/80, rapport inverse du précédent.

85. Pour l'expression graphique du *Comma*, nous emploierons le point allongé, soit le trait du dièse ou de l'hypodièse, aminci à l'un de ses bouts : le trait du dièse pour le *Comma* ascendant ; ex. 36 : *c* ; le trait de l'hypodièse pour le *Comma* descendant. Ex. 36 : *d*, note *c*.

86. *Observation importante* : Nous n'aurons pas besoin, dans la musique vocale, de l'expression du *Comma* dans notre gamme diatonique, à tonique variable, ni dans la musique instrumentale avec nos claviers transpositeurs.

Toniques.

87. Pour *Toniques* du mode majeur, on prendra les notes sténographiques ; ex. 4 : *a* ; pour *Toniques* du mode mineur, on prendra les notes figurées ; ex 3 ; pour Toniques *altérées* de l'un et de l'autre mode, les notes diésées, ex. 4 : *d* ; les notes hypodiésées ; ex. 4 : *e*.

88. Les Toniques s'énonceront toujours, dans notre solfége monogammique, avec le nom qui leur est propre et qui est formé par les syllabes *a, é, i, o, ta, té, ti, a*. Ex. : en *la* majeur, *té, ré, mi, fa, sol, la, si, té*, en montant, et *té, si, la, sol, fa, mi, ré, té*, en descendant. Voir aussi l'ex. 5.

89. La tonique variable est figurée par *x* ou *y* dans nos exemples. Ex. 44 et 55.

Tonales.

90. Dans toute gamme, il y a toujours trois notes, dont les deux premiers harmoniques doivent donner le même air, celui d'une tierce majeure suivie d'une tierce mineure, ou celui d'une tierce mineure suivie d'une tierce majeure. Ces trois notes sont : la tonique, la quarte et la quinte; c'est pourquoi on les appelles Tonales, d'où le nom de Tonalité donné à l'air de leurs harmoniques. C'est par l'air des Tonales qu'on distingue un mode d'un autre mode.

Mode.

91. Si l'air, rendu par les deux premiers harmoniques d'une tonique et de chacune des deux tonales, est celui d'une tierce majeure, suivie d'une tierce mineure, on a le *Mode majeur*; si c'est celui d'une tierce mineure suivie d'une tierce majeure, on a le *Mode mineur* (Note D).

92. Dans le ton d'*ut*, Mode majeur; ex. 41 : *a*, les tonales sont : *ut, fa, sol*, dont les harmoniques, ex. 41, *b* : *ut-mi-sol, fa-la-ut, sol-si-ré*, rendent le même air ; *ut-mi, fa-la, sol-si*, tierces majeures; *mi-sol, la-ut, si-ré*, tierces mineures.

93. Dans le ton d'*ut*, Mode mineur, les mêmes tonales, ex. 41, *a* : *ut, fa, sol*, rendent aussi le même air avec leurs harmoniques ; ex. 41 : *c*, *ut-mi* h. d. *sol, fa-la* h.d. *ut; sol-si* h.d. *sol*; mais cet air n'est plus celui des *tonales* du mode majeur, parce que *ut-mi* hypodièse, *fa-la* hypodièse, *sol-si* hypodièse, sont des tierces mineures; et *mi* h.d. *sol*; *la* h.d. *ut, si* h.d. *ré*, des tierces majeures.

94. De plus, on trouve toujours, dans les tonales et dans leurs deux premiers harmoniques, les notes essentielles d'une gamme, avec ou sans altération. Par exemple, dans le ton de *fa*, mode majeur, on a : *fa-la-ut; si* hypodièse, *ré, fa ; ut-mi-sol*, notes constitutives du *ton*; il faudra donc hypodiéser le *si*. Notre *rapporteur*, ex. 46 et 47, facilitera la construction d'une gamme quelconque, en portant la pointe *a* sur la tonique du mode mineur, et la pointe *c*, sur celle du mode majeur. On pourra aussi recourir aux exemples 44 et 45.

Transitives.

95. On appelle *Transitives* les notes d'une gamme qui ne sont ni toniques ni tonales. Il y a toujours quatre *Transitives* dans une gamme quelconque; ex. 42 : *ré, mi, la, si*, transitives du ton d'*ut*, mode majeur ou mineur.

96. Pour faire ressortir la *tonalité*, le compositeur reproduit plus souvent, et l'executant accentue plus fortement la tonique que les tonales ; et plus celles-ci que les transitives.

87. Dans l'écriture, nous reconnaîtrons à première vue : le *ton*, par la figure de la tonique, différente de celle des autres notes de la gamme; le *mode*, par

l'espèce de notes employées dans la gamme ; les notes de l'ex. 13 : *a*, sont pour le mode majeur ; b , pour le mode mineur sur la portée ; celles de l'ex. 3 pour le mode majeur ; de l'ex. 4, *a* pour le mode mineur, sans la portée.

Transpositions.

98. Un Ton quelconque d'une gamme peut être pris à l'un quelconque des degrés de la gamme diatonique, par seconde majeure ou mineure ; et, comme la tonalité doit toujours être la même, pour transporter le Ton plus haut ou plus bas, il suffira d'indiquer à quel degré il faut entonner et quelle touche il faut prendre pour la tonique ; c'est ce que l'on indiquera par la tonique du mode à figure différente des autres notes de la gamme.

99. Dans la musique profane, la gamme d'*ut* étant le type, soit modèle, de tous les tons du mode majeur ; et celle de *la*, celui de tous les tons du mode mineur, on prendra pour toniques du mode majeur les notes de la gamme du mode mineur ; et, pour toniques du mode mineur, les notes de la gamme du mode majeur, altérées ou non, dans l'un ou l'autre mode. Ex. 43 : *a*, *ut*, etc., toniques du mode majeur et notes du mode mineur de la notation sans la portée : *b*, *ut*, etc., tonique du mode mineur et notes du majeur de la notation sans la portée ; b', notation *carrée* ; *la*, tonique ; b'', notation *figurée* ; *la*, tonique, mode majeur ; *c*, notation *ronde* ; *ut*, tonique, mode mineur.

100. Pour faciliter la Transposition par écrit, on fera usage du transpositeur, soit rapporteur de toute gamme usuelle à une seule pour le mode majeur, ex. 44, et à une seule pour le mode mineur, ex. 45.

101. Dans l'exécution, on se servira de notre clavier, ex. 1, divisé en secondes mineures, sans altération, si l'instrument est garni des cordes ou des tuyaux suffisants, ou à tempérament dans le cas contraire ; ou de notre clavier, ex. 2, aussi à secondes mineures pures ou tempérées. L'un et l'autre de ces claviers peut être transpositeur ; dans ce cas, c'est toujours la même touche qui rend la tonique *ut*, ou la tonique *la*.

102. Pour les voix et les claviers à sons purs ou tempérés, on n'emploiera dans la notation sans la portée que les notes de la ligne supérieure, ex. 44, marquée *a*, pour le mode majeur ; marquée *c*, pour le mode mineur ; dans la notation sur la portée, que celles de la ligne *a*, ou celles de la portée, marquée *b*, ex. 44, pour le mode majeur ; celles de la ligne *c* ou celles de la portée, marquée *d*, ex. 45, pour le mode mineur, avec l'une des toniques en ligne verticale à x, à la place de x, dans l'une et l'autre notation.

103. Pour les instruments à sons flexibles, mais sans claviers, on emploiera, dans la notation sans la portée, les toniques et les notes en ligne horizontale des toniques en dessus de la portée ; dans la notation sur la portée, les toniques en ligne verticale à x, à la place d'x, et les notes propres à l'un et à l'autre mode (Note E).

Tons relatifs.

104. Deux tons ou deux modes, dont les toniques ne sont distantes entre elles que d'une tierce mineure, sont dits *Relatifs* l'un de l'autre. Ainsi, le ton *la* et le ton *ut* sont relatifs l'un de l'autre, parce que la tonique *la* est à distance d'une tierce mineure de la tonique *ut*. De même, le ton *si* bémol majeur est le relatif du ton *sol* mineur.

105. Les ex. 44 et 45 indiquent les tons relatifs placés dans l'ex. 45 à une tierce mineure plus bas, et le nombre des notes qui demeurent pures, ou qu'il faut altérer dans l'un ou dans l'autre des tons relatifs.

Planche.

106. Ex. 46, *a-b* : rapporteur du mode mineur ; ex. 47 : *c-d*, rapporteur du mode majeur. Ils sont construits l'un et l'autre sur une feuille de papier ; on donne à la dent de chaque extrémité de la ligne le nom de la tonique du nouveau mode, et, aux autres dents, le nom des notes de la gamme diatonique. Ex. 43 : *b'*, *c*, *b''*.

107. Pour se servir du rapporteur, on portera la dent tonique en face de la note prise pour tonique dans l'une des rangées de notes placées entre les rapporteurs.

108. Par ex. en *si*, mode mineur, la dent *a*, tonique grave, soit extrême, à gauche du rapporteur, correspondra au *si* de la rangée, et la dent *si*, à *ré* hypodièse, soit *ré* dièse descendant (*ré* bémol); celle d'*ut*, au *ré*; celle de *ré*, entre *mi-fa*; il faudra donc augmenter le *mi* d'un *comma*; celle de *mi* correspondra à *fa* dièse ; celle de *fa*, à *sol*; celle de *sol* dièze, à *si* hypodièse ; enfin la dent *b*, extrême à droite, à *si* octave.

109. De même, en mode majeur de *si*, la dent *c*, tonique grave, soit extrême à gauche du rapporteur, correspondra au *si* de la rangée ; celle de *ré*, à *ré* hypodièse ; celle de *mi*, à *mi* hypodièse ; celle de *fa*, à *mi* ; celle de *sol*, à *sol* hypodièse ; celle de *la*, à *la* hypodièse ; celle de *si*, à *si* hypodièse ; enfin la dent *d*, extrême à droite, à *si* octave.

110. Pour construire un rapporteur qui fasse connaître de suite les notes qu'il faut augmenter ou diminuer d'un comma, on divisera la ligne du rapporteur en 27, ou en 51 parties égales. Si on la divise en 51 parties, on en donnera 9 aux secondes majeures fortes ; 8, aux secondes majeures faibles ; 4, aux secondes mineures diatoniques ou hypodièses ; une au *diésis*, soit comma. Si on ne la divise qu'en 27 parties, on n'en donnera que 5 aux secondes majeures fortes ; 4, aux secondes majeures faibles ; 2, aux secondes mineures diatoniques ou hypodièses, une au *diésis*.

111. L'ex. 48 donne dans chaque colonne : 1° Le guidon de chaque octave ;

2º en-dessous du guidon, la longueur, en mètres, du plus long tuyau d'orgue, ou d'une corde suffisamment tendue pour rendre l'*ut* grave de cette octave en rapport au *la* du diapason normal de 1859 ; 3º les vibrations de l'*ut* grave de cette octave ; 4º l'*ut* grave avec l'indice des physiciens, correspondant à l'*ut* pratique d'un grand orgue ; 5º le premier *ut*, ou la première note grave de quelques instruments et des voix d'hommes et de femmes, dans les colonnes suivantes.

112. Ex. 49 : *a*, échelle du mode mineur ; *b*, échelle du mode majeur, rapprochées pour faire voir ce en quoi elles se ressemblent ou diffèrent ; *c*, échelle des longueurs des cordes, divisées en 27 ou en 54 parties ; *d*, secondes majeures fortes : 8/9 ; secondes majeures faibles : 9/10 ; secondes mineures : 15/16 ; rapport inverse, en vibrations, dans la col. *i* ; *e*, rapport des intervalles en longueur de cordes, 1 pris pour *ut* grave ; 1/2, pour *ut* aigu ; rapports inverses, en vibrations dans la colonne *g* ; *f*, longueur des cordes de l'octave, dont ut_5 est tonique, soit l'*ut* du milieu du piano, l'*ut* du trait en-dessous de la portée, l'*ut*, enfin, au grave de l'octave du *la* du diapason, col. *h*, vibrations des notes de l'octave du *la* du diapason ; 870 vibrations simples, ou 435 vibrations doubles pour le *la* du diapason normal de 1859 (Note F).

ABRÉVIATIONS

Pédale. — Basse. — Tenue. — Formules.

113. Elles s'expriment par le cercle ou par la circonférence de cercle avec addition de la note prosodique ; à différents points de la circonférence, comme tangentes ; dans l'intérieur comme sécante ou diamètre prolongé. Ex. 12 (*bis*), et Ex. 58 et suivant.

Point d'orgue.

114. Il s'exprime par la circonférence de cercle avec l'une des notes sténographiques tout entière dans l'intérieur de la circonférence et un chiffre au-dessous de la circonférence, indiquant pendant combien de mesures doit être soutenu le point d'orgue. Dans l'écriture à la main, on pourra le grossir plus ou moins ; il serait difficile de le former distinctement aussi petit que celui de l'ex. 9, qui ne peut servir que dans l'imprimé.

Point d'arrêt. — Ex. 9.

115. Son expression graphique est encore la circonférence de cercle avec un

p int dans l'intérieur et un chiffre en-dessous de la circonférence, pour indiquer pendant combien de mesures doit durer le silence.

Crescendo. — Minuendo.

116. Ils s'expriment par le trait oblique placé à gauche de la note et à la ligne. Ils indiquent : 1° le *crescendo*, s'il est aminci à son extrémité inférieure; Ex. 29, a' ; 2° le *minuendo*, s'il est aminci à son extrémité supérieure. Ex. 29, b'. 3° à côté l'un de l'autre, le crescendo et le minuendo : c' ; le minuendo et le crescendo : c''.

117. Dans une suite de notes, on emploiera les signes usuels avec la signification des signes nouveaux, dont ils sont voisins. Ex. 29.

Gammes.

118. Une suite de notes diatoniques : ascendantes s'indiquera par trois points obliques ascendants de gauche à droite après la première note de la série. Ex. 9 : a' ; descendantes, par trois points descendants obliquement de gauche à droite après la première note qui commence la série. Ex. 9 : a''. Les trois points dépasseront le trait du *temps* ou de la portée en haut ou en bas, selon que la première note de la série sera au-dessus ou au-dessous du trait ou de la ligne. Ex. 9 : a'''.

Répétitions.

119. Les points à gauche d'un trait oblique indiqueront répétition de ce qui précède dans la mesure ; et à gauche des deux barres de mesure, répétition de ce qui précède dans la mesure : répétition une fois, par un point; deux fois, par deux points, etc. Même répétition de ce qui suit, après les deux barres de mesure, lorsque les points seront placés après ces barres. Ex. 9 : $a\ a$.

Renvois.

120. Le *Renvoi* par la croix de Saint-André ou par le signe usuel 𝄋 La croix renvoie à la croix ; à la croix à un point, si en elle porte un ; à la croix à deux points, si elle en porte deux, etc.

121. Les autres signes d'abréviations s'écriront en abrégé par la première ou les deux ou trois premières lettres du mot. Ex. *Solo*, par S. ; *Tutti*, par T., etc.

Exercices.

122. 1er. *Calligraphie* ; se servir du papier carrelé, afin de donner aux signes une bonne direction.

2° Dictées : au tableau noir, ou sur l'ardoise, ou sur le cahier.

3° Chant : 1° l'instrument à l'un ou l'autre de nos claviers, touché par l'élève ou par le maître ; 2° imitation par la voix ; 3° harmoniques diversement combinés ; harmoniques du mode majeur, puis ceux du mode mineur, soit selon les exemp. 50 et 51, soit autrement, en montant et en descendant ; 4° gamme majeure, puis gamme mineure ascendantes et descendantes ; 5° cantiques et plain-chant.

4° Les élèves des écoles copieront eux-mêmes les chants communs de l'église, et les joindront à leur livre de prières pour accompagner les chants du dimanche et des fêtes.

5° Entreprendre au plus tôt l'étude des accords et l'accompagnement sur un instrument : harmonium ou orgue, serpent, basson ou autre (Note G).

PLAIN-CHANT.

123. Quatre notes de figure différente, ex. 25, suffisent pour la notation de tout Plain-Chant. La durée relative des notes sur la portée, en plain-chant musical, sera celle de la notation figurée ; les notes sténographiques y serviront de tonique. Dans le plain-chant simple, les chiffres de l'exemple indiquent la proportion à observer pour les syllabes. Ainsi, la *carrée* dure les quatre temps de la syllabe longue, ou prolongée et grave ; la *triangulaire*, soit la triple, dure les trois temps de la syllabe longue ou prolongée, mais non grave ; la *losange*, soit double, dure les deux temps de la syllable commune ; la *ronde*, unité de temps, dure le temps de la syllabe brève ; durée de la moitié d'un temps, pour la demie ; du quart d'un temps, pour le quart.

124. On pourra aussi noter le plain-chant sans la portée et avec les différentes notes et les différents temps de la notation sans la portée.

125. Il y a quatre tons en plain-chant ; ce sont, *ré, mi, fa, sol*. Deux de ces tons, *ré* et *mi*, sont en mode mineur ; les deux autres, *fa-sol*, sont en mode majeur. Chacun de ces tons se présente encore sous deux modes : le mode *authente*, soit *supérieur*, et le mode *plagal*, soit *inférieur*. L'*authente* et le *plagal* ont tous les deux la même tonique, soit finale ; ils ne diffèrent entre eux qu'en ce que la mélodie, soit la gamme, du mode *authente* ne descend, au plus, que d'une note en dessous de la tonique ; tandis qu'elle peut, dans le mode *plagal*, descendre d'une tierce et même d'une quarte en dessous de la tonique.

Dominante.

126. La *Dominante*, eu plain-chant, est la note qui est rebattue le plus souvent, surtout en psalmodie : c'est la *quinte* en dessus de la tonique, dans les

modes *authentes*, excepté dans le second ton authente, où la *quinte* est remplacée par la *sixte*; c'est la *tierce* en-dessus de la tonique, dans les modes *plagaux*, excepté dans celui du second ton, où la *tierce* est remplacée par la *quarte*.

127. L'ex. 27 donne le tableau des tons du plain-chant : colonne *a*, gammes authentes; col. *b*, harmoniques de la tonique, soit première tonale; col. *c*, harmoniques de la deuxième tonale ; col. *d*, harmoniques de la troisième tonale ; col. *e*, dominantes ; col. *f*, gammes plagales ; col. *g*, dominantes ; col. *h*, finales, soit toniques.

128. Observez qu'un seul de nos tons de plain-chant en renferme deux des tons usuels : le premier ton usuel est notre premier ton, mode *authente*; le second ton usuel est notre premier ton, mode *plagal*.

Diapason, soit étendue de chaque espèce de voix.

129. La notation des pièces de plain-chant se fait généralement dans les limites de la quatrième octave (*la* 3) à la cinquième octave (*la* 4). Mais, comme dans un chœur nombreux, il se rencontre des voix qui ne descendent pas au (*la* 3) et ne s'élèvent pas à l'*ut* 4, il est nécessaire que celui qui donne le *ton* au chœur connaisse l'étendue de chaque espèce de voix, pour prendre la *dominante* dans le milieu du *medium* des voix.

130. Par conséquent, pour le ton de la dominante dans un chœur d'hommes, on prendre le *la* 4 pour diapason des voix ordinaires; on descendra, au contraire, du *la* 4 au *sol* 4, ou au *fa* 4, pour le ton de la dominante des voix, qui descendent plus qu'elles ne montent.

131. Dans un chœur de femmes, ou d'enfants, on prendra le *la* 5 pour diapason et l'on descendra ordinairement au *sol* 5 ou au *fa* 5, pour le ton de la dominante, selon le plus ou le moins d'étendue des voix de ce chœur. Ex. 28 : *a, b, c*, voix de femmes ; *d, e, f, g*, voix d'hommes : *a*, premier-dessus, *soprano* ; *b*, moyen-dessus, *mezzo-soprano* ; c'est l'étendue moyenne des voix féminines ; *c*, bas-dessus, *contralto*, haute-contre, *alto*, *contre-haute-taille* ; *d*, ténor, haute-taille ; *e*, baryton *concordant* ; c'est l'étendue moyenne des voix masculines ; *f*, basse ; *g*, contre-basse-taille, *basse-contre*.

132. Les notes comprises entre les deux barres sont celles du *medium*; elles donnent des sons plus pleins, plus sonores et moins sujets à se fausser. On appelle *fausset* la voix exercée qui peut faire les notes à la droite du medium, hors de la ligne.

Notes et Mots.

133. Pour s'habituer facilement à joindre les notes aux mots, il faut :

1° Solfier les notes d'un mot, puis joindre le mot aux notes, ainsi de suite pour chaque mot, jusqu'à la fin du morceau ; ex. 30 ;

2° Recommencer et opérer de même, d'abord sur deux mots, puis sur trois, etc., en ajoutant toujours un mot de plus ;

3° Prendre un autre morceau, dont chaque syllabe porte une ou plusieurs notes, et opérer comme précédemment au 1° et au 2°.

134. Dans l'exécution du plain-chant, il faut prononcer toutes les lettres et observer, de plus, les règles suivantes :

135. Première règle. — La voyelle résonne, sous toutes les notes qui lui appartiennent, par une seule émission de voix, ou, au moins, en ne reprenant haleine que d'une manière imperceptible.

136. Deuxième règle. — La consonne, simple ou double, résonne sous la première note, lorsqu'elle commence la syllabe ; sous toutes les notes, lorsqu'elle est la première des doubles dans le corps du mot ; et, seulement sous la dernière note, lorsqu'elle finit la syllabe.

137. Troisième règle. — On ne doit pas reprendre haleine au milieu des mots, ni entre des mots unis par le sens, ou ne le faire, au besoin, que d'une manière imperceptible. On ne respire pas, par exemple, entre *Deus meus*.

138. Quatrième règle. — On peut respirer et faire un repos court à la petite barre, plus long à la grande barre, et encore plus long à la double grande barre.

139. Cinquième règle. — On accentuera par un choc plus intense ou plus prolongé : 1° la première syllabe d'un mot de deux syllabes, indiquée par la note carrée, si elle est grave ; par la note triangulaire, si elle est aiguë ; 2° la pénultième ou l'antépénultième, si la pénultième est brève. Deux monosyllabes, unis par le sens, sont regardés comme un seul mot de deux syllabes.

Barres.

140. Les petites barres, qui n'atteignent pas les deux lignes extrêmes de la portée, servent à indiquer, en plain-chant : 1° la fin des mots ; 2° le *ton*, par leur extrémité inférieure ; 3° la *dominante*, par leur extrémité supérieure. Ex. 26 : *a*. La grande barre, ex. 26 : *b*, se met à la fin des phrases et des vers ; on la double, ex. 26 : *c*, à la fin des morceaux et après certaines parties d'une pièce : celles, par exemple, qui doivent être chantées par ceux qui entonnent.

Psalmodie.

In conspectu angelorum psallam tibi. Ps. 13.

141. Le chant des psaumes se divise en psalmodie *simple* et en psalmodie *composée*.

142. La psalmodie *simple* (Orthophone ; Directanée ; Rectotono) est le chant alternatif, à deux chœurs, sur la même intonation, des versets d'un psaume, verset par verset différent pour chaque chœur.

143. Pour faciliter la psalmodie et pour éviter la confusion des voix, on fait une pause, soit silence simultané, vers le milieu et à la fin du verset. On indique, dans les psautiers, l'endroit de la pause médiale par un astérisque.

144. Comme la teneur se chante tout entière sur le même degré, dans la psalmodie simple, on donnera proportionnellement quatre temps à la carrée, soit à l'accent grave, et à la pénultième ou antépénultième syllabe du mot, qui précède la pause ; trois temps à la triangulaire, soit à l'accent aigu ; deux temps à la losange, soit à toute syllabe commune, c'est-à-dire ni brève ni accentuée ; un temps à la ronde, soit à la syllabe brève. Ex. 25.

145. On pourra accentuer soi-même à la main, ou noter même son psautier, si l'imprimeur ne l'a pas accentué ni noté. Ex. 25 pour les notes, et exemple suivant pour les accents : Confitébor tíbi, Dómine in tóto córde méo, in concilio justórum et congregatióne (1).

146. La psalmodie *composée* se distingue de la psalmodie *simple* par l'*intonation*, la *teneur*, la *médiation* et la *terminaison*.

147. L'intonation est *simple* ou *solennelle*.

148. L'intonation *simple* se fait à la teneur et s'y maintient sans déviation jusqu'à la fin du verset. Elle sert aux fériés, aux fêtes simples, semi-doubles et même doubles pour les petites heures.

149. L'intonation *solennelle* : Ex. 55, se fait par une déviation de deux ou de trois notes qui conduisent à la teneur. Elle sert aux fêtes doubles : 1° dans tous les versets des cantiques évangéliques : *Magnificat, Benedictus, Nunc Dimittis* ; (Pour ces cantiques, il y a une intonation particulière au premier et au quatrième ton, mode plagal) ; huitième ton usuel ; 2° au premier verset des psaumes à Vêpres, à Matines et à Laudes ; les versets suivants s'entonnent tous à la teneur sans déviation.

150. La *teneur*, dominante du psaume et de l'antienne, est formée par les notes rebattues sur le même degré, depuis celles de l'intonation jusqu'à celles de la médiation, ou jusqu'à la fin de la première partie du verset, pour notre premier ton authente et notre troisième ton plagal, premier et sixième *mode* usuel ; et depuis le commencement de la seconde partie du verset jusqu'à la première note de la *terminaison*.

151. La *médiation* se fait par la déviation ascendante ou descendante des deux ou des quatre notes qui terminent la première partie du verset.

152. RÈGLE. La note qui dévie par *élévation*, en-dessus de la teneur, accentue la syllabe et ne peut se trouver que sur la pénultième ou antépénultième syllabe, si la pénultième est brève.

---

(1) § 145. Cicéron, in Oratore, cap. 17, autorise notre accentuation par ces paroles : « Mira est quædam natura vocis : cujus quidem e tribus omnino sonis : *inflexo, acuto, gravi*, tanta fit et tam suavis varietas perfecta in cantibus ; » et condamne par celles-ci, du chap. 18, le procédé de ceux qui donnent deux accents au même mot : « Natura, quasi modularetur hominum orationem, in omni verbo posuit acutam vocem, *neque una plus*, neque à postremà syllaba citra tertiam ; quo magis naturam ducem ad aurium voluptatem sequatur industria. »

153. Dans quelques diocèses, la déviation par élévation, aux deux dernières syllabes, se fait sur la dernière syllabe des mots hébreux ou monosyllabiques. Cette déviation exceptionnelle n'a lieu, dans notre diocèse, que dans les médiations de deux syllabes.

154. La note qui dévie par abaissement, n'accentue pas et peut, par conséquent, se trouver sur une syllabe quelconque.

155. La terminaison se compose des trois, quatre ou cinq notes qui conduisent de la teneur à la fin du verset; il peut y en avoir plusieurs pour un même ton, et elles sont sujettes à la règle donnée pour les médiations.

156. Lorsque la première ou la seconde partie d'un verset n'a pas assez de syllabes pour toutes les notes des déviations, on ne prend que le nombre de notes nécessaires pour les syllabes que l'on doit chanter; l'on fond, au contraire, dans une même note, la syllabe brève surabondante. Ex. 55, 2º et 8º tons. Ces tons sont numérotés selon l'usage; voir § 128 et Ex. 27.

157. Dans les églises où il n'y a pas d'instrument qui puisse donner l'intonation fixe de la dominante du ton pour tout l'office, il faut s'en fixer une de cette manière : on descend à la note que l'on estime être la moyenne des différentes pièces de chant et des voix qui doivent les exécuter; de cette note grave, par exemple, *ut*, on remonte au *fa*, ou au *sol*, ou au *la* (§ 29); on conserve pour teneur, ou dominante, celui de ces trois tons qu'on aura jugé moyen du medium des voix et des pièces; on met toutes les dominantes des quatre tons, c'est-à-dire *re*, *fa*, *la*, *ut*, au ton de cette moyenne fixe, d'où l'on monte ou descend à la première note de la pièce qu'on doit chanter. Dans cette opération, on se rappellera ce que nous avons dit : § 97 ; § 130, § 131.

158. Dans les tons *mixtes*, où la mélodie atteint ou dépasse la quinte, en-dessus, ou la tierce, en-dessous de la finale, on rapportera la teneur à la dominante de l'authente; on agira de même pour les tons *irréguliers*, quelle que soit la cause de l'irrégularité.

Chant en parties. — Accompagnement.

159. Le *chant en parties* est celui qu'exécutent plusieurs voix qui chantent sur des degrés différents.

160. Si plusieurs voix, en alternant ou non, chantent simultanément sur le même degré, on a le *chœur*; si une seule voix chante sur chacun des degrés différents, on a le *duo*, pour 2 voix; le *trio*, pour 3 voix; le *quatuor*, pour 4 voix; le *quintetti*, pour 5 voix; le *solo*, pour une seule voix, quand les autres se taisent. Il y a aussi des *duo*, des *trio*, etc., pour les instruments.

161. A quatre voix, on donne le nom de *basse* à la voix qui exécute la note la plus grave des quatre parties; de *ténor*, à la voix au-dessus de la basse; d'*alto*, à la voix au-dessus du ténor; de *soprano*, à la voix au-dessus de l'alto.

162. A plus de quatre parties, on double, redouble, triple, quadruple, selon la circonstance, les parties à l'octave des précédentes.

Accompagnement.

163. L'*accompagnement* est l'application d'accords à une mélodie de la voix ou d'un instrument.

Mélodie.

164. La *mélodie*, soit le *chant*, est la production successive des sons musicaux un à un ; tel est l'air de la gamme.

165. L'*accord* est la production simultanée d'un son, appelé *fondamental*, et de l'un ou de plusieurs de ses harmoniques.

166. Si les sons, qui composent l'accord, sont produits simultanément, on a l'accord *plaqué*, accord qui n'est, dit-on, guère usité qu'en France. S'ils sont produits l'un après l'autre, lestement et individuellement, on a l'accord *brisé*; accord plus fleuri et plus usité, surtout en musique instrumentale.

167. L'accord peut s'écrire verticalement ou horizontalement : verticalement, en superposant les notes les unes aux autres. Ex. 56, 58 et suivants ; et, quand l'accord ainsi écrit doit être brisé, on l'indique par une ligne ondulée le long de l'accord, ou par *arp.*, abrégé d'*arpége*, placé à gauche et dans le haut de l'accord. Dans ce cas, on exécutera chaque note individuellement l'une après l'autre. On peut aussi écrire l'accord *arpégé*, en ne superposant que la première note à la basse et en écrivant les autres en ligne horizontale. Note (G).

Harmonie.

168. L'*harmonie* est la succession régulière et des accords et des notes qui les composent.

Structure des accords.

169. Quant à leur structure, les accords fondamentaux sont de 2, de 3, de 4, de 5 sons, au plus.

170. L'accord le plus simple, mais celui qui exige dans son emploi une plus grande science harmonique, est composé de 2 sons : le *fondamental* et l'un de ses harmoniques. Ex. 56.

171. L'accord de 2 sons, soit le chant à 2 parties, produit déjà une harmonie agréable et suffisante en plusieurs cas ; mais l'accord de 3 sons, Ex. 57, 58, 59, ou le chant en parties sur 3 degrés différents, formé par le son fondamental et ses 2 premiers harmoniques, produit une harmonie complète, un accord *parfait*, l'accord de quinte (3^{ce} et 5te). On le qualifie de *parfait*, parce qu'il ne laisse rien à désirer après lui, qu'il donne l'idée du repos et qu'il peut servir à

toute espèce de cadence. C'est la triade harmonique, l'accord normal et principal de l'harmonie (Note H).

Accord fondamental. — Dérivé.

172. L'accord *fondamental* est celui où le son fondamental est au-dessous de ses harmoniques, disposés ou propres à être disposés de tierce en tierce les unes au-dessus des autres. Ex. 58 : 1re tranche verticale à gauche de chaque carré. Il prend la qualification de *tonique*, de *tonal*, ou de *transitif*, selon qu'il a pour base la tonique, ou l'une des tonales, ou l'une des transitives. C'est à tort, évidemment, qu'on réserve la qualification d'accords *fondamentaux* aux seuls accords tonals, ci-après (192).

173. L'accord *dérivé* est celui qui résulte de quelqu'un des renversements de l'accord fondamental.

Renversements des accords.

174. On a le premier renversement, lorsque le premier harmonique est à la basse et le son fondamental à la haute. Ex. 58 ; tranche verticale du milieu du carré. C'est l'accord de *sixte*. (3^{ce} et 6te).

175. On a le second renversement, lorsque le second harmonique est à la basse, le son fondamental au milieu et le premier harmonique à la haute. Ex. 58 : 3e tranche à droite. C'est l'accord de *quarte* et *sixte*.

176. Dans l'accord de 4 sons, accord de septième, et dans l'accord de 5 sons, accord de neuvième, composés, l'un du son fondamental et de ses 3 premiers harmoniques ; l'autre, du son fondamental et de ses 4 premiers harmoniques, on peut avoir un 3e renversement, celui où le 3e harmonique est à la basse, le son fondamental au-dessus, formant une seconde, surmontée de deux tierces. Ex. 61 : 4e carré, 1re tranche à gauche. C'est l'accord de *seconde* et *quarte*.

177. Tout accord, excepté celui de neuvième, peut se présenter sous autant de faces qu'il contient de notes : 1re face, état direct, accord fondamental ; 2e, 3e, 4e face, 1er, 2e, 3e renversement.

178. Comme l'accord de 3 sons est la base de l'harmonie, § 171, et qu'on réalise généralement l'harmonie à quatre parties, pour obtenir une quatrième partie dans cet accord, on double, soit répète, à l'octave, le son fondamental ou l'un des harmoniques. La réalisation à quatre parties est préférée, parce qu'elle facilite la marche des parties et le choix des intervalles réguliers. Ex. 59.

Diverses positions des notes supérieures dans les accords.

179. Tant que la même note règne dans la basse, on ne change pas la nature d'un accord par l'intervertissement d'ordre, ni par le redoublement des

notes, ni par l'élargissement des intervalles, ni, en un mot, par les diverses positions quelconques des notes supérieures ; ce qui permet de donner aux accords certaines positions de choix, dont trois sont principales et prennent leur nom de l'intervalle formé par la note supérieure, savoir : la position d'octave, 1re position ; celle de tierce, 2e position ; celle de quinte, 3e position.

180. On a la position d'octave à l'état direct de l'accord par le redoublement du son fondamental, dans l'accord de 3 sons, 1re tranche à gauche de l'ex. 59, marquée 1er ; celle de tierce, en portant le 1er harmonique dans la haute au-dessus de la basse redoublée, 2e position, 2e tranche, marquée 2e ; celle de quinte, en portant l'accord direct au-dessus de la basse fondamentale, 3e position indiquée par 3e.

181. De toutes ces positions, on doit préférer celle d'octave dans l'accord tonique, parce que c'est elle qui donne évidemment le plus de chant dans la partie haute, puisqu'elle dispose de toutes les notes d'une octave ; pour une raison opposée, celle de tierce est moins avantageuse, ainsi que celle de quinte, laquelle, d'ailleurs, est plus monotone.

182. Quelle que soit la position adoptée pour l'accord tonique, on se règlera sur celle-là pour l'enchaînement des autres accords, que l'on doit maintenir dans un tel rapprochement que l'accord final se trouve dans la position de l'accord initial.

183. Lorsque la régularité de la marche aura conduit hors de la position primitive, il faut y revenir, au premier pas opportun, pendant la durée d'un même accord et par mouvement contraire.

Accord consonnant. — Dissonant.

184. L'accord *consonnant* est celui dans lequel il n'entre que le premier ou les deux premiers harmoniques du son fondamental. Ex. 56 : a, b, accords de 2 sons. Ex. 57, 58, 59, accords de 3 sons.

185. L'accord *dissonant* est celui dans lequel apparaissent un ou plusieurs des harmoniques, autres que le premier et le second. Ex. 60 et 64, soit quelque note retardée, ou prolongée, ou altérée par le dièze ou l'hypodièze, ou étrangère à l'accord : appoggiatures, broderies, notes de passage.

186. L'emploi immédiat des accords dissonants n'a jamais lieu ; il serait, d'ailleurs, tout à fait intolérable ; celui des accords consonnants est par lui-même agréable ; et, quant aux tonals, ils fixent de plus en plus la tonalité ; c'est pourquoi on peut les employer seuls. Cependant, une continuation illimitée et d'un même ton d'accords consonnants, produirait une monotonie fastidieuse et même, jusqu'à un certain point, intolérable. C'est non-seulement pour rompre cette monotonie qu'on emploie l'accord dissonant, mais encore souvent pour indiquer un changement de ton ou de mode, pour rendre la composition plus énergique, plus expressive et, parfois, plus imitative.

187. Pour que l'accord dissonant produise tout l'effet qu'on en désire, il faut le frapper au temps fort de la mesure, c'en est la *percussion* ; faire entendre immédiatement, dans l'accord précédent, la note qui forme dissonance, c'en est la *préparation* ; conduire la dissonance par le chemin le plus court et le plus immédiat, en général, dans l'accord suivant, ou la laisser en place, si elle s'y trouve déjà, c'en est la *résolution*.

188. Cependant, l'accord neutre (de quinte mineure) et l'accord de septième sur la dominante, qu'on regarde comme dissonants, s'emploient généralement sans préparation, tandis qu'on exige la préparation de la quarte dans le second renversement. C'est là une affaire de caprice plutôt que de goût (171).

Accord majeur. — Mineur. — Neutre.

189. L'accord *majeur* est celui dont le premier harmonique, à l'état direct, forme une tierce majeure avec le son fondamental. Ex. 57 : *a*.

190. L'accord *mineur* est celui dont le premier harmonique, à l'état direct, forme une tierce mineure avec le son fondamental. Ex. 57 : *b*.

191. L'accord *neutre* selon quelques-uns (de quinte diminuée ; de quinte mineure, dénominations peu rationnelles), est celui dont les deux premiers harmoniques, à l'état direct, forment chacun une tierce mineure. E. Jue l'appelle *neutre*, parce qu'il n'est ni majeur ni mineur. Ex. 58 : *si, ré, fa*.

Accord tonal. — Transitif.

192. L'accord *tonal*, auquel on restreint, mais à tort, l'idée de fondamental, en n'appelant *fondamentaux* que les 3 accords tonals, est celui qui a pour fondamentale ou la tonique ou l'une des tonales. Ex. 57 : $a = c, d$; $b = c, d$, et Ex. 59 : accords d'*ut*, de *fa* et de *sol*, en majeur ; de *la*, de *ré* et de *mi*, en mineur.

193. L'accord *transitif* est celui qui a pour fondamentale une des transitives de l'un ou de l'autre mode, l'une des quatre qui n'est pas tonale. Ex. 59 : accords de *ré*, de *mi*, de *la*, de *si*, en majeur ; de *si*, d'*ut*, de *fa*, de *sol*, en mineur.

Formules harmoniques.

194. C'était une idée heureuse pour la réalisation pratique des accords, surtout dans les mouvements pressés, que de les représenter par un seul signe, comme on le pratique pour l'accord fondamental à l'état direct.

195. Il eût fallu en faire autant pour chaque accord dérivé. C'est ce que nous avons fait dans nos formules placées au-dessous des carrés harmoniques, depuis l'ex. 58 jusqu'à l'ex. 66.

196. Dans ces formules, la note prosodique attirera principalement l'atten-

tion ; on observera à quel point de la circonférence du cercle, qui lui sert de portée, elle est tangente, ou sécante, ou diagonale.

197. Toute prosodique tangente rappellera, ainsi que x et y, un accord fondamental. La prosodique, diagonale ou sécante, rappellera le premier dérivé, 1er renversement de l'accord fondamental ; le point intérieur isolé, ou placé sur la diagonale, rappellera le deuxième dérivé, 2e renversement ; la diagonale intérieure, traversée ou non par la prosodique, rappellera le troisième dérivé, 3e renversement ; le cercle demi noirci rappellera l'accord de neuvième.

198. Quoique la formule ne soit placée que sous la tranche verticale de l'accord fondamental ou sous celle de l'accord dérivé, on ne doit pas moins la concevoir placée sous chaque tranche verticale, et la prendre avec les notes de cette tranche ou avec celles quelconques de toute tranche, dans tel ordre que l'on voudra ; ce qui permettra de faire, à première vue, un grand nombre de permutations dans le même accord. Soit l'ex. 59 : 1er carré : x, formule, tenant lieu de toute tonique majeure, comme y tient lieu de toute tonique en mode mineur en *ut*, on aura : *ut, mi, sol, ut* ; *ut, sol, ut, mi* ; *ut, ut, mi, sol* ; *ut, sol, sol, ut* ; *ut, sol, ut, ut* ; *ut, sol, ut, mi* ; *ut, sol, mi, mi* ; *ut, sol, mi, sol* ; *ut, ut, ut, ut* ; *ut, ut, ut, mi* ; *ut, ut, mi, sol* ; *ut, mi, sol, mi* ; *ut, mi, ut, sol* ; *ut, sol, ut, sol* ; *ut, mi, ut, mi*, etc. Au-dessus de la formule, on mettra, au besoin, la note qui lèvera tout équivoque, soit celle qui exprime le plus large intervalle, soit toute note accidentée ; ou bien ou renverra à l'octave par le guidon, § 48 et 49.

199. La formule peut être elle-même altérée par un accident : Ex. 62, et se placera au-dessus ou au-dessous du temps, selon que le mouvement sera ascendant ou descendant.

200. Le carré connu en arithmétique amusante sous le nom de carré *magique*, doit paraître moins admirable que nos carrés harmoniques, d'autant plus qu'il n'est d'aucune utilité encore connue, et que nos carrés nous paraissent devoir être, surtout pour les élèves et pour la partition, d'une très-grande utilité.

Carrés harmoniques.

201. Nos carrés harmoniques, d'une double barre de mesure à l'autre, représentent :

1° Ex. 58, l'accord fondamental de 3 sons et ses deux dérivés ; les formules au-dessous du carré, dans cet exemple et dans les suivants, représentent les différents accords que l'on peut faire en prenant, pour la réalisation de la formule, les notes de chaque tranche verticale, ou indistinctement les notes qui produisent la meilleure harmonie : § 198 ;

2° Entre chaque barre de mesure, Ex. 59, l'accord fondamental de 3 sons, ses trois positions dans chaque premier carré, indiquées dans le haut de la tranche par 1re, position d'octave ; par 2e, position de tierce ; par 3e, position de quinte ; ses deux dérivés dans les deux carrés suivants ;

3° Ex. 60, les accords majeurs de 4 sons, dans les deux premières mesures, et les accords mineurs de 4 sons, dans les deux dernières mesures, ayant pour fondamentale chacune des notes de la gamme ou mode ;

4° Ex. 61, l'accord fondamental de 4 sons ; ses quatre positions indiquées dans le haut de chaque tranche du premier carré par 1re, position de 7° ; par 2e, position d'octave, par 3e, position de tierce ; par 4e, position de quinte ;

5° Ex. 62, l'accord de 3 sons, et Ex. 63, l'accord de 4 sons avec la note *sol* diézée ;

6° Ex. 64, deux accords fondamentaux de dominante de 5 sons ; position de 9°, régnant toujours dans le haut du 1er et du 2e carré.

202. L'ex. 65 contient les formules des différents accords de dominante, et présente, pour la première fois, deux signes nouveaux : le *si*, triangle vide, et le *si* à forme arrondie, inverse de celle du *mi* sténographique.

203. Pour distinguer plus facilement entre eux et à première vue les accords englobant un *si*, nous emploierons : 1° les notes sténographiques, pour exprimer l'accord neutre dans les différents accords de septième : Ex. 65, en remplaçant dans la formule de l'accord de neuvième le *si* prosodique par le triangle vide, pour l'accord de neuvième majeur ; par le *si* sténographique à forme arrondie, pour l'accord de 9e mineur ; l'un et l'autre de ces deux derniers *si* apparaissant seul, ou accompagné d'une autre note, lorsque l'accord de septième est formé par le retranchement de la fondamentale de l'accord de neuvième, par exemple dans *si, ré, fa, la,* diminutif de *sol, si, ré, fa, la.* Ex. 65.

204. A la formule de l'accord de 3 sons, on ajoutera la note qui exprime la septième, pour compléter la formule de l'accord de 7°. Ex. 66 et 67, et celle qui exprime la neuvième, ou l'un des *si* indiqués dans le paragraphe précédent. Ex. 65.

Règle d'octave.

205. La *Règle d'octave* est une formule d'harmonie qui représente pour chaque note de la gamme diatonique, majeure ou mineure, l'accord qu'elle comporte, eu égard à la note précédente et à la note suivante. L'ex. 68 est la formule du mode majeur ; l'ex. 69, celle du mode mineur. Dans l'ex. 68, la formule usuelle pour le *la*, gamme ascendante, a paru défectueuse à quelques théoriciens, et demande au moins une espèce de repos sur l'accord de la dominante *sol*, comme le pratique Concone, § 51.

206. Comme cette règle est une application de nos formules ; qu'elle est très-utile dans l'accompagnement, lorsque la basse n'est pas formulée ; et que tous

les accords, dans notre méthode, se réalisent sur les seules gammes types d'*ut*, en mode majeur, et de *la*, en mode mineur, les élèves accompagnateurs feront bien de se la rendre familière pour la pratique ; de s'habituer même à varier l'ordre des notes supérieures à la basse, en observant les règles de l'accompagnement.

Réalisation des accords.

207. Dans la réalisation des accords sur un instrument à clavier usuel, on exécute la basse avec la main gauche, et la haute, avec la main droite. Notre clavier harmonique permettra d'exécuter plusieurs accords avec une des deux mains seulement.

208. Comme tout le travail harmonique se fait généralement, pour les voix surtout, dans l'espace de quatre octaves, d'*ut* 3 à *ut* 6, et que, en dehors de ces quatre octaves, on n'a que des redoublements ou des renforcements de parties réelles, la main gauche ne travaillera que dans l'espace d'*ut* 3 à *ut* 5, et la main droite dans celui d'*ut* 5 à *ut* 6. On notera par le guidon convenable les excursions en dehors de ces quatre octaves.

Règles générales d'accompagnement.

209. Nous donnerons les règles générales d'accompagnement, sans les faire suivre d'un grand nombre d'exceptions, parce que nous écrivons pour les élèves et que le goût seul peut indiquer aux maîtres l'opportunité de la violation des règles. « Du reste, dit Concone : (*Man. d'harm.* Conclusion, p. 63), la mélodie (ajoutons : surtout le plain-chant), n'exige pas toujours une harmonie savante et recherchée. En effet, l'accord parfait et l'accord de septième de dominante défrayent à eux seuls la partie harmonique de presque tous les chants qui ont acquis une grande popularité. »

210. Tout morceau d'harmonie commence généralement et finit toujours par l'accord parfait, complet ou non dans l'un et l'autre cas.

211. C'est par leur note fondamentale qu'on règle l'enchaînement des accords. Cette fondamentale, généralement une des 3 tonales, procède ordinairement par tierce, quarte ou quinte inférieure, ou par sixte, quinte ou quarte supérieure.

212. Dans l'enchaînement des accords, surtout dans celui des accords dissonants, il faut tâcher de leur donner une ou plusieurs notes communes. Ex. 68, 69.

213. Pour donner et conserver le sentiment de la tonalité, il faut employer plus souvent les accords tonals que les accords transitifs ou dissonants.

214. Quel que soit le nombre des parties, et surtout dans les parties de basse et de haute, il faut éviter de faire deux quintes justes ou deux octaves de suite entre deux mêmes parties.

215. Nous disons :

1° Deux *quintes*, parce qu'elles établissent deux tonalités ;

2° *Justes*, parce que la quinte neutre (diminuée), commune aux deux modes, ne sauraient contrarier ni le ton ni le mode ;

3° *Deux octaves*, parce qu'elles privent d'un intervalle plus avantageux. Par conséquent, lorsque deux voix, par exemple, la basse et le ténor, ont fait une quinte ou une octave, elles n'en doivent pas faire une autre *immédiatement* après.

216. On évite la faute des quintes et celle des octaves prohibées, soit en omettant la note qui les produit, soit en prenant un mouvement contraire ou oblique, dans l'une ou l'autre des parties.

217. La règle qui prohibe les quintes et les octaves consécutives entre deux mêmes parties, comprend aussi les quintes et les octaves *couvertes*, soit *cachées* ; on découvre celles-ci, dans une progression directe, en suppléant les notes intermédiaires de l'une des parties à l'autre.

Mouvement des parties.

218. Ce mouvement est :

1° *Parallèle*, lorsque deux ou plusieurs parties se meuvent dans la même direction et à égale distance, c'est-à-dire sans quitter le même degré ;

2° *Semblable*, lorsque les parties se meuvent dans la même direction à inégale distance ;

3° *Oblique*, lorsqu'une ou plusieurs parties restant sur le même degré, les autres continuent de monter ou de descendre ;

4° *Contraire*, lorsqu'une des parties monte, et qu'une ou plusieurs autres descendent.

219. Le mouvement parallèle et le semblable sont les plus faibles et les plus dangereux, parce qu'ils produisent des suites prohibées d'unissons, ou de quintes ou d'octaves.

220. Dans le mouvement semblable, il faut que l'une des parties procède :

1° Par seconde mineure, pour passer à l'octave ou à l'unisson ;

2° Par saut de tierce majeure au plus, pour passer à la quinte ;

3° Par saut de tierce mineure au plus, pour passer à la tierce ou à la sixte.

Redoublement dans les accords.

221. Le *Redoublement*, en harmonie, est la répétition d'une même note à l'unisson ou à quelqu'une des octaves.

222. Le redoublement se fait :

1° Dans l'accord de 3 sons, pour obtenir une quatrième partie ;

2° Dans tout accord, pour éviter une harmonie vicieuse, ou pour en produire une plus élégante ou plus expressive ; par exemple, pour éviter deux quintes ou deux octaves prohibées, en omettant les notes qui les produisent et en redoublant, au besoin, à l'unisson ou à l'octave, d'autres notes à leur place ;

3° Dans la réalisation sur un instrument à clavier, pour obtenir certains effets dictés par le goût, en exécutant, par exemple, cinq notes au lieu de trois ou de quatre ;

4° Enfin, dans l'accord précédant celui de tonique, en redoublant la note qui rend l'accord tonique complet, par exemple, *sol*, en mode majeur.

223. On ne redouble pas les notes qui produisent les dissonances, ni les appoggiatures, ni celles qui ont une résolution forcée, soit parce que l'effet de ce redoublement serait mauvais, soit parce qu'il produirait des intervalles prohibés ou des progressions vicieuses.

224. Dans le choix des intervalles à redoubler ou à omettre, il faut se régler sur la qualité harmonique de ces intervalles. On a observé que, dans la résonnance du corps sonore, donnant la fondamentale, par exemple, *ut* 1 et les harmoniques suivants : *ut* 1, *ut* 2, *sol* 2, *ut* 3, *sol* 3, *mi* 3, la fondamentale *ut* 1 résonne trois fois : *ut* 1, *ut* 2, *ut* 3 ; la quinte, deux fois : *sol* 2, *sol* 3 ; la tierce, une seule fois : *mi* 3. Il est donc naturel de conclure :

1° Qu'on doit redoubler la fondamentale de préférence à la quinte ; et celle-ci, de préférence à la tierce ;

2° Qu'on doit omettre la quinte de préférence à la fondamentale, et l'une et l'autre, de préférence à la tierce, corde *modale*, nécessaire au maintien de la tonalité.

225. On appelle *modale*, corde *modale*, la note qui constitue ou détermine le mode. Cette note est, dans notre notation monogammique, le *mi* en mode majeur, donnant tierce majeure ; l'*ut*, en mode mineur, donnant tierce mineure.

Notes de passage.

226. Les notes de *passage* sont celles qui, sans faire partie constitutive d'un accord, s'exécutent simultanément avec les notes réelles des accords. Elles n'influent donc en rien dans la formule de Basses. Ex. 54 (bis) *ré, fa, ta, et mi*, notes de passage ; *ta* (§ 88).

227. 1re Règle. On fait marcher par tierce ou par sixte les notes de passage exécutées par deux parties à la fois. Ex. 54 (bis).

228. 2° Règle. La note de passage tombe sur le *temps* faible, ou sur une partie faible du *temps* de la mesure, lorsqu'il n'y en a qu'une ; et sur un *temps* quelconque de la mesure, lorsqu'il y en a plusieurs.

Relation.

229. La *relation*, en musique, est l'intervalle diatonique et altéré d'une

même note exécutée par la même voix, ou par le même instrument, ou par deux voix ou par deux instruments différents.

230. La relation est *régulière*, quand une note altérée, puis diatonique, ou vice versâ, est exécutée par la même partie ; elle est *fausse* dans le cas contraire. Il y a, par exemple, relation *régulière* dans l'intervalle *ut* et *ut* dièze exécuté par la Basse dans les deux accords suivants : *ut-mi-sol-mi* et *ut d-sol-la-mi* ; et *fausse* relation dans l'intervalle *ut* et *ut* dièze des deux accords suivants : *ut-mi-sol-mi* et *la-mi-sol-ut d*, parce que l'*ut* et l'*ut d* sont exécutés, l'un par la Basse et l'autre par le Soprano.

Discours musical.

231. Le *discours musical* se compose de périodes ; les périodes, de phrases, soit *distinctions* ; les phrases, de mesures, soit *syllabes*, qu'on distingue par différents repos appelés *cadences*.

Cadences.

232. Il y a quatre sortes de *cadences* : la parfaite, l'imparfaite, l'interrompue et la plagale.

233. La *cadence parfaite* est le repos final sur l'accord de la tonique immédiatement précédé de celui de septième de dominante : l'un et l'autre à l'état direct. Ex. *sol-si-ré-fa : ut-mi-sol*, en x, mode majeur, *mi-sol d-si-ré : la-ut-mi*, en y, mode mineur.

234. La *cadence imparfaite*, ou *demi-cadence*, est un repos momentané sur l'accord direct de dominante, avec continuation dans le même ton et dans le même mode, ou avec passage dans un autre mode. Ex. *sol-si-ré* ; cadences : *ut-mi-sol*, ou *ut-mi h-sol*.

235. La *cadence interrompue* est un repos sur l'accord renversé de tonique, ou sur tout autre accord, lorsque la cadence parfaite était annoncée par l'accord de septième dominante à l'état direct ; avec continuation dans le ton établi ou passage dans le ton annoncé. Ex. *sol si-ré-fa : mi-sol-ut*.

236. La *cadence plagale* est un repos final sur l'accord parfait de tonique immédiatement précédé de celui de sous-dominante, ou même d'un accord quelconque, direct ou renversé. Ex. *fa-la-ut* ; ou *fa-la h-ut* ; ou *ré-fa-la-ré* cadence *ut-mi-sol*.

Modulations.

237. Il y a trois sortes de modulations : la *vraie*, la *feinte* et la *passagère*.

238. La modulation *vraie*, ou *entière*, est le passage d'un ton, ou d'un mode, à un autre ton ou à un autre mode, avec retour, ou non, en marche rétrograde, au ton et au mode principal ; par ex., quand on passe d'*ut*, mode majeur, à *sol* majeur, ou à *la* mineur ; de *ré* authente à *la* plagal.

239. Une modulation quelconque étant opérée, on l'établit d'une manière fixe et sensible par le retour des accords tonals, plus fréquents que celui des accords transitifs ou dissonants (§ 213).

240. La *modulation feinte* est celle qui, sans s'établir d'une manière fixe, s'annonce par le dièze ou l'hypodièze affectant soit la tierce, note modale, soit toute autre note, qui serait la sensible d'un nouveau ton, s'il y avait eu cadence parfaite.

241. La *modulation passagère* est celle qui s'opère d'un accord à un autre dans la succession immédiate d'un accord parfait à un autre. Ex. *ut-mi-sol-ut* ; *ut d, mi, la* ; *ré fa, la, ré* ; *si, la, si, ré d*.

242. A chaque changement de ton, on placera, si l'on veut plus de clarté, la nouvelle tonique à l'endroit du petit trait dans le guidon, lequel indiquera alors et le ton, et le mode et l'octave. La prosodique seule au guidon, ex. 54, suffira pour annoncer tout cela, lorsqu'elle concourra avec l'emploi des formules de basse indiquant le mode par elles-mêmes.

Exercices.

243. L'organiste ou le pianiste, assis en face de l'*ut* 5 du grand clavier, se tient le buste droit ; à distance suffisante pour que les deux mains puissent atteindre l'*ut* 5 sans déranger le corps ; le coude et le poignet un peu plus élevés que le niveau du clavier ; les mains ouvertes ; les doigts légèrement courbés, écartés de la largeur d'une octave de touches et prêts à tomber directement sur celles-ci.

Doigté.

244. Le *doigté* est l'art de faire marcher les doigts sur un instrument de musique de la manière la plus favorable à l'égalité et à l'agilité.

245. Le doigté est d'autant plus facile sur nos claviers, que l'ordre *invariable* des touches, d'un bout du clavier à l'autre, le rend *invariablement* le même pour toute gamme, dont la tonique est prise sur une même rangée ; et que, sur le clavier harmonique, Ex. 2, toute tierce mineure peut être produite par deux doigts consécutifs, ou même par un seul doigt placé sur deux touches consécutives de la même rangée. Avantage immense, surtout en harmonie, où la tierce mineure se trouve presque toujours en tout accord. Par exemple, celui de septième de dominante est composé d'une tierce majeure et des deux tierces mineures de l'accord *neutre*.

Exercices préliminaires d'accompagnement.

246. 1er. Accompagnement diatonique par l'accord parfait, surtout par celui des tonales. Ex. 70.

2ᵉ. Dissonances dans l'accompagnement :

1° Neuvièmes par prolongation se résolvant sur l'octave de la basse. Ex. 71.

2° Quarte et sixte consonnante ; quarte et quinte dissonante. Ex. 72.

3° Septièmes par prolongation d'une note de l'accord précédent et par premier renversement de l'accord parfait. Ex. 73.

4° Septièmes sur chaque note de la basse montant par quarte ou descendant par quinte. Ex. 74.

5° Sixte sur chaque note de la basse par premier renversement, se succédant par degrés conjoints ; fondamentale à la haute ; suppression de l'une des quatre parties et redoublement d'une autre partie. Ex. 75.

Dans ce dernier exemple, le trait au-dessus de la note indique la note à redoubler à l'octave inférieure.

3ᵉ *tenue*, note soutenue pendant un certain nombre de *temps* et de mesures, au bas, au milieu ou au-dessus d'accords dont elle est une des notes constitutives. Ex. 76.

4° *pédale*, c'est-à-dire tenue à la basse d'une suite d'accords, dont elle ne fait pas constamment partie constitutive. On peut la doubler à l'octave, à la dominante, et la surmonter d'une formule de basse, dont elle est note réelle ou note de passage. Ex. 77.

247. On appelle aussi *pédales* soit une série de touches formant un clavier, soit ces touches elles-mêmes. On les meut avec le pied pour obtenir les notes graves de certains instruments. L'orgue a ordinairement un clavier de pédales.

Pratique.

238. Il y a trois sortes d'accompagnements.

1ʳᵉ sorte d'accompagnement : Chants ou airs simples, tels que cantiques, plain-chant, notés avec accords écrits en entier ou en formules. On traduira tout en notation nouvelle sur la portée ou sans la portée, en ramenant tout aux deux tons types modernes, et en conservant chaque ton du plain-chant dans le ton qui lui est propre. Pour cela, on donnera pour toniques une des notes carrées au mode mineur de *la*, musique moderne et au 1ᵉʳ ton du plain-chant ; une des notes sténographiques au mode majeur d'*ut* musique moderne et au 3ᵉ ton du plain-chant ; une des notes prosodiques au 2ᵉ et au 4ᵉ ton du plain-chant ; les deux premiers tons du plain-chant s'écriront en notes prosodiques, et les deux derniers, en notes carrées, la note prosodique employée pour tonique distinguera suffisamment le 2ᵉ ton du 1ᵉʳ et le 4ᵉ du 3ᵉ. Les ex. 44, 45, 46, 47 viendront en aide dans le travail de transcription, lorsqu'il y aura transposition.

249. 2ᵉ sorte d'accompagnement : Cantiques ou plain-chant notés, mais sans accords écrits ; préparer et écrire d'avance les accords, au moins en formules, si l'on n'est pas encore capable de les improviser. Une improvisation facile

est celle des accords fondamentaux : à l'état direct, pour les accords des tonales, au 1er renversement, pour les accords transitifs ; avec quelques dissonances pour rompre la monotonie et une observation exacte des cadences. Il faut beaucoup d'étude et de pratique pour être à même d'improviser en employant toutes les ressources de l'harmonie.

250. 3e sorte d'accompagnement. C'est celui qu'on extrait à vue d'œil, ou par écrit, d'une partition conçue pour un orchestre ou pour différents instruments. Cette sorte d'accompagnement présente moins de difficultés dans nos procédés de notation que dans les procédés de la notation usuelle.

251. Il se présente plusieurs manières de varier l'accompagnement : plaquer ou arpéger les accords ; ne donner qu'une ou deux notes à la main gauche et les autres à la droite, ou vice-versa, ou les partager entre les deux mains ; placer le chant dans la partie haute, ou dans la moyenne, ou dans la basse ; c'est au goût et à l'intelligence du compositeur ou de l'accompagnateur qu'appartient le choix de la manière la plus avantageuse pour produire le meilleur effet selon les circonstances.

Plain-chant harmonié.

252. Le plain-chant peut et doit être harmonié dans le ton et dans le mode qui lui sont propres. On retrouve dans les tons du plain-chant tout ce qui est nécessaire pour y établir une bonne harmonie : une gamme propre et distincte de toute autre, pour chaque ton, par les harmoniques des tonales et par les cadences des modes relatifs, majeurs ou mineurs ; il n'y a rien de plus dans l'un ou l'autre des deux tons modernes. Bien plus, ces derniers ne sont autre chose que deux modes plagaux du plain-chant. Le ton de *la*, type des modes mineurs modernes, est le plagal irrégulier de *ré*, 1er ton, soit second mode du plain-chant ; le ton d'*ut*, type des modes majeurs modernes, est le plagal *régulier* de *fa*, 3e ton, soit 6e mode du plain-chant. Nous disons que le ton de *la*, mode moderne, est plagal *irrégulier*, à cause : 1° de l'altération de la 7e et même quelquefois de la 6e note de la gamme ascendante ; 2° de l'anomalie qui, permettant de retrancher, dans la gamme descendante, l'altération ou les deux altérations de la gamme ascendante, fait d'une gamme *naturelle* dans le plain-chant une gamme *factice* dans la musique profane.

253. Les modes relatifs du plain-chant sont : *ré* authente mineur, relatif de *fa* authente majeur ; *mi* authente mineur, relatif de *sol* authente majeur ; *la* plagal mineur, relatif d'*ut* plagal majeur ; *si* plagal mineur, relatif de *ré* plagal majeur.

254. En modulant à la quinte supérieure ou à la quarte inférieure du même ton, on module au plagal, sans s'inquiéter d'autres altérations que celles amenées par le goût et par l'accord tonal.

255. Si deux modes de plain-chant, exploités par la musique profane, pro-

duisent déjà un si grand nombre de variétés de modulations, combien n'en produiront pas les six autres modes du plain-chant exploités de la même manière !

256. Non-seulement on peut, mais encore on doit harmonier chacun des modes du plain-chant dans le ton et dans le mode qui lui sont propres, si chacun de ces modes a un caractère esthétique propre et distinctif, et si l'on ne peut transposer dans un autre mode sans le dénaturer. Or, c'est ce qui a lieu. Tous les savants reconnaissent que les huit modes du plain-chant sont un reste bien précieux des modes anciens de la musique grecque, et que chacun de ces modes a un caractère sentimental si marqué, qu'il suffit de changer de mode pour produire des effets différents. Il est donc évident que l'on ne peut transposer un mode dans un autre sans le dénaturer. On dénaturerait aussi un ton en le transposant dans un autre, si on ne lui conservait pas sa constitution gammique et si, pour rappeler cette constitution, on ne lui donnait pas sa tonique distinctive (§ 255). Si, par exemple, on prenait pour tonique du 2º ton une sténographique au lieu d'une prosodique, celle-ci étant nécessaire pour rappeler que la seconde mineure se trouve de la tonique à la sustonique et de la quarte à la quinte.

257. Pour harmonier le plaint-chant avec intelligence et avec goût, il faut connaître et le *but* et le *caractère esthétique* de chaque mode.

1º Le *but* du plain-chant est de concentrer tous les sentiments de l'assemblée dans ceux du recueillement de la prière, de la piété, de la louange, de l'admiration à l'égard de la Majesté suprême, en union avec l'Eglise du ciel, de la terre et du purgatoire. Il faut donc exclure du plain-chant tout ce qui est contraire à ce but, tels sont : 1º les airs lascifs, obscènes ou qui rappellent quelque chose de dangereux, d'impur.

« Ab ecclesiis vero musicas eas ubi, sive organo, sive cantu lascivum aut impurum aliquid misceatur... arceant. » (Concile de Trente : Sess. 22, ch. 9. Decret.)

2º Les accords trop durs ou trop recherchés, pour ne conserver qu'une harmonie liée, riche et variée, susceptible d'une basse grave, admettant des voix moyennes et chantantes, accentuant soit par le frappé des accords les syllabes longues et accentuées dans la prose, et le rhythme dans les vers, soit par les cadences et les repos plus ou moins longs. § 145. « In sono versuum dimensio quædam numerorum delectat, quo *turbato* delectatio exhiberi auribus non potest, imo nec sine offensione audiri. S. Aug. lib. 2. c. 3. De musicâ, cité par L. Lambillotte : *Prat. du ch. gr.*, ch. 3 (1), et par J. Dufour : *Prat. du ch. gr.*, ch. 3 (1).

3º La mesure battue à temps égaux, parce qu'elle contrarierait souvent l'accentuation prosaïque ou le rhythme prosodique, qu'elle rappelle trop l'action dramatique du théâtre ou de l'opéra, et que souvent aussi, surtout dans les églises vastes, elle mettrait de la confusion dans le chant au lieu d'y mettre l'ordre : « Chacun chante à l'oreille de son voisin, dit Grétry *(Essai sur la musique*, t. A ; avant-propos, p. 41.), et je me suis quelquefois surpris chantant contre mesure et conduisant à faux le chœur qui m'environnait. »

NOTES

NOTE (A) § 50.

258. La portée de 4 lignes est mise en rapport avec la portée de cinq lignes par le trait supplémentaire au-dessous et au-dessus des 4 lignes ; le passage de l'une à l'autre portée sera donc facile, en se rappelant que la 5me ligne est représentée par le trait supplémentaire ; et, comme elle admet toutes espèces de notes, on pourra y noter et y distinguer à première vue l'un ou l'autre des modes donnés par les 3 espèces d'accords que fournit la gamme harmonique : le mode majeur en notes carrées avec note sténographique pour tonique ; le mode mineur en notes sténographiques avec note carrée pour tonique ; le mode *neutre*, à la manière des deux autres modes, si jamais on l'emploie, en notes prosodiques avec note sténographique pour tonique.

259. Chacun des barreaux de la portée sera le siége immuable des toniques : le barreau d'*ut*, en mode majeur ; celui de *la*, en mode mineur, profanes ; le barreau de *ré*, en modes du 1er ton du plain-chant, celui de *mi*, de *fa*, de *sol*, en modes du 2me, du 3me, du 4me ton ; le barreau de *si*, en mode neutre.

NOTE (B) § 30.

MÉTRONOMES MUSICAUX. — PENDULE SEXAGÉSIMAL.

260. Le *pendule* ordinaire se compose d'une boule pesante d'ivoire, de métal ou d'autres substances.

261. La longueur du pendule se mesure du point de suspension au centre de la boule : celle du pendule sexagésimal, c'est-à-dire, du pendule qui bat les secondes à chaque oscillation, est de mètre 0. 991 à l'équateur ; de 0ᵐ 994 à Paris ; de 0ᵐ 996 à Spitzberg : un peu plus longue à mesure que l'on s'avance de l'équateur vers le pôle.

262. Plusieurs pendules, 4 par ex., lâchés simultanément à 4 ou 5 degrés de distance du centre d'oscillation, oscilleront d'accord pendant très-longtemps, s'ils sont de même longueur ; mais ils ne tarderont pas d'osciller en désaccord, s'ils sont de différentes longueurs.

263. Si les longueurs sont entre elles comme les nombres 1, 4, 9, 16, et qu'on suspende les pendules en face les uns des autres, on observera que les durées des oscillations seront entre elles comme les racines carrées des nombres qui expriment les longueurs précédentes, c'est-à-dire, comme 1, 2, 3, 4. Celui dont la longueur est 1, fera deux oscillations pour une, comparativement à celui dont la longueur est 4 ; il en fera trois pour une, comparativement à celui dont la longueur est 9 ; il en fera 4 pour une, comparativement à celui dont la longueur est 16. Ainsi en rendant le pendule 4, 9, 16 fois plus long, la durée des oscillations, dans le même temps, devient 2, 3, 4 fois plus longue et le nombre des oscillations 2, 3, 4 fois moins considérable ; au contraire, si l'on rend le pendule 4, 9, 16 fois plus court, le nombre des oscillations, dans le même temps, devient 2, 3, 4 fois plus considérable, et la durée des oscillations 2, 3, 4 fois moins longue. Un pendule rendra donc 1/2, 1/3, 1/4 de seconde, s'il a une longueur 4, 9, 16 fois plus petite que celle du pendule qui rend les secondes ; il faudra donc diviser la longueur du pendule à secondes, c'est-à-dire, 0ᵐ 993,866 par 4 pour avoir un pendule à 1/2 seconde ; par 9, pour en avoir un à 1/3 de seconde ; par 16, pour en avoir un à 1/4 de seconde. Pour en avoir un de 3/8 de secondes, il faudra multiplier la longueur du pendule à secondes par 9/64, c'est-à-dire, par le carré du numérateur et du dénominateur de la fraction 3/8. C'est sur ces données que nous avons construit le tableau comparatif des chronomètres musicaux, ci-après.

264. On se construira à peu de frais un chronomètre suffisant pour la musique. « Il consiste en un fil supportant deux balles, dont l'une fait contrepoids à l'autre. En rapprochant ou en éloignant l'une de ces balles du point de suspension, on obtient tous les degrés du mouvement. On prend une première oscillation pour le *frappé* et une seconde pour le *levé*. » E. Jue : *La musique apprise sans maître* : § 43 (1).

MÉTRONOME.

265. Le *métronome* est une espèce de pendule qui marque les différents temps des mesures d'un morceau de musique.

266. Dans le métronome, qui porte le nom de Maëlzel, soixante secondes, ou la minute, sont prises pour l'unité du temps pendant lequel se font tous les battements indiqués par chaque numéro placé dans l'échelle à l'opposé du balancier. Le n° 50 y indique le degré extrême de lenteur, et le n° 160, le degré extrême de vitesse. A chaque battement, on passe la note, ou sa valeur, placée en tête du morceau, à côté du n° du métronome.

267. Pour accélérer ou pour retarder les battements, et pour arriver au n° indiqué par le compositeur, il suffit de remuer le poids curseur : plus bas, pour accélérer, plus haut, pour retarder. Si le compositeur a indiqué la mesure et le n° du métronome par $\frac{2}{2} \, \wp = 84$; ce que nous indiquons par 2m. M., $\frac{2}{84}$ on placera le poids curseur vis-à-vis de 84. A chaque battement, on passera la double, ou 2 unités, ou 4 demies, ou 8 quarts, etc. ; il y aura deux doubles, ou la valeur, par mesure.

267. M. Bienaymé fils, horloger à Amiens, a perfectionné le métronome, sous le nom de *chronomètre*. Celui-ci indique le temps fort de la mesure par un coup plus intense ; et pour faire varier la mesure, sans arrêter le mouvement, il suffit de remuer l'aiguille sur le cadran.

269. Chronomètre musical.

PENDULE SEXAGÉSIMAL				Métronome de Maëlzel
Durée relative des notes en secondes.	N° en tête du morceau	Longueur du pendule à Paris en millimètr.	Noms des notes	Battements en une minute.
Prestissimo { 1/10	17	9.94		160 } de vitesse
Prestissimo { 1/9	16	12.27	neuvième	
Prestissimo { 1/8	15	15.53	huitième	
Presto { 1/7	14	20.28		
Presto { 1/6	13	27.61		
Presto { 1/5	12	39.76		
Allegro { 1/4	11	62.12	quart	DEGRÉS EXTRÊMES
Allegro { 3/10	10	89.45		
Allegro { 1/3	9	110.43	tiers	
Andante { 3/8	8	139.77		
Andante { 2/5	7	159.02		
Andante { 1/2	6	248.48	double	
Adagio { 3/5	5	357.80		
Adagio { 7/10	4	487.01		
Adagio { 8/10	3	636.10		
Largo { 9/10	2	805.06		} de lenteur
Largo { 1"	1	993.86	quadruple ou triple	
Largo { 1" 2/10	+1	1431.22		50

270. En tête, $\frac{3}{1"}$ ou $\frac{3}{1p}$ indiquera mesure à 3 temps, le temps point, pris pour unité, durant une seconde ; $\frac{3}{7/10"}$ ou $\frac{3}{4p}$ indiquera qu'il faut donner au pendule 7/10 de longueur, c'est-à-dire placer le poids curseur en face du n° 4.

271. Dans ce cas, ainsi que dans toute autre indication de la longueur du pendule, il sera mieux de se servir de l'expression $\frac{3}{4}$, en prenant pour dénominateur de la fraction l'un des dix-sept numéros de la colonne n° *en tête du morceau*.

NOTE (C) § 85.

272. Ou bien les notes de l'ex. 33, pour le comma ascendant, et celles de l'ex. 34, pour le comma descendant, non compris le dièse et l'hypodièse qui ne subissent aucune altération.

Note (D) § 91.

273. Si c'est celui de deux tierces mineures, on a le mode neutre.

274. Note (F) § 112.

CLOCHES D'UN CARILLON				POIDS			
Dimensions				relatif		absolu	
Notes	Grand Diamètre m	Bord m	Corps m	Cloche	Battant	Cloche kilos	Battant kilos
ut$_6$	0.3186	0.0212	0.0070	1/8	1/160	17.77	0.888
si$_5$	0.3398	0.0226	0.0075	$\frac{512}{3375}$	$\frac{128}{16875}$	21.566	1.078
la$_5$	0.3823	0.0254	0.0084	$\frac{27}{125}$	$\frac{27}{2500}$	30.707	1.535
la b$_5$	0.4078	0.0271	0.0090	$\frac{110592}{421875}$	$\frac{9216}{703125}$	37.2667	1.863
sol$_5$	0.4248	0.0283	0.0094	$\frac{8}{27}$	$\frac{2}{135}$	42.1215	2.106
fa$_5$	0.4779	0.0318	0.0106	$\frac{27}{64}$	$\frac{27}{1280}$	59.9742	2.9987
mi$_5$	0.5097	0.0339	0.0113	$\frac{64}{125}$	$\frac{16}{625}$	71.9865	3.5993
ré$_5$	0.5664	0.0377	0.0126	$\frac{512}{729}$	$\frac{128}{3645}$	99.8443	4.992
ut$_5$	0.6372	0.04248	0.0141	1	$\frac{1}{20}$	142.1612	7.108
si$_4$	0.6797	0.0452	0.0150	$\frac{4096}{3375}$	$\frac{4024}{16875}$	172.528	8.625
la$_4$	0.7646	0.0509	0.01699	$\frac{216}{125}$	$\frac{54}{625}$	245.656	12.282

275. Le tableau ci-dessus est une suite de l'ex. 49 ; il fournit toutes les données nécessaires pour établir un carillon d'un nombre quelconque de cloches, en rapport avec le diapason normal.

276. On multipliera successivement les dimensions et les poids indiqués dans chaque colonne, en ligne horizontale de la note que doit rendre la cloche voulue : par 1/2, pour avoir les dimensions ; par 1/8, pour avoir le poids des cloches d'octave en octave supérieure à celle du tableau ; et par 2, pour avoir les dimensions ; par 8, pour avoir le poids des cloches d'octave en octave inférieure. Par exemple, les dimensions de la cloche qui rend ut$_6$ (ut six) sont les dimensions de la cloche qui rend ut$_5$ (ut cinq) multipliées par 1/2, et les poids, ceux de la cloche qui rend ut$_5$ multipliés par 1/8.

277. On sait qu'une cloche fondue selon les dimensions admises aujourd'hui et reconnues les meilleures par une longue expérience, sonne à l'octave aiguë, si elle a pour diamètre la moitié du diamètre, et pour poids, 1/8 du poids de celle qui sonne à l'octave grave, c'est-à-dire, si elle est moitié plus petite et huit fois plus légère : 1/8 est le cube de 1/2.

« Si campanæ fecerint similes et ex eadem materia confectæ, facile apparet sonos tenere rationem reciprocam triplicatam ponderum, ita ut campana octuplo levior, edat sonum eodem tempore duplo plures oscillationes absolventem, et quæ vicies septies fuerit levior peregat vibrationes triplo frequentiores. » Leonhard Euler : *Tentamen novæ theoricæ musicæ*, cap. 1. § 22. « Rationem reciprocam tenere, » c'est-à-dire, sont en raison inverse du cube des poids : 27 est le cube de 3.

278. On peut aussi faire des carillons, soit avec des tiges ou des ressorts solidement fixés et serrés par un de leurs bouts, soit avec des cordes métalliques, à l'instar de celles des pianos.

279. Les corps sonores d'un carillon sont mis en vibration par des marteaux, qui sont mus au moyen des touches d'un clavier par les pieds, les poingts et les coudes du sonneur, ou pour les petits carillons, par une roue dentée sur les bords ou sur les côtés, ou par un cylindre armé de pointes, à la manière des orgues de barbarie.

AIR D'UN CARILLON.

280. Pour qu'un air de carillon soit agréable, il faut : 1° Qu'il n'y entre qu'autant de sons divers qu'il y a de corps sonores ; 2° Que chaque son d'une mesure, et même au delà, soit un des harmoniques de celui qui suit et de celui qui précède, afin qu'il n'y ait pas des discordances ou des dissonances dans les sons qui durent ensemble. En établissant des étouffoirs, qui s'abaisseraient à volonté, on pourrait exécuter harmoniquement des airs quelconques.

NOTE (G) § 122.

281. « L'étude des accords, que l'on regardait comme exclusivement du domaine de l'harmonie, doit être, en musique, la base de l'enseignement, parce qu'elle seule éclaire les différentes questions de manière à ne laisser obscures aucune de leurs faces, et qu'ils donnent la clef de la lecture et des intonations. Celui-là seul est praticien habile qui connaît la loi de ces aggrégations, ou qui en a acquis le sentiment à force de temps et d'exercice. » E. Jue, § 451.

SONOMÈTRE.

282. Le *Sonomètre*, ou *Monocorde* des anciens (voir L. Lambillote : *Esthétique... du chant grégorien*, p. 127), est un instrument destiné à donner l'intonation juste des sons et à les représenter par des nombres.

Il consiste en une caisse rectangulaire, vide et sonore, servant à renforcer les sons. Cette caisse porte, dans le sens de sa longueur, une corde à boyau ou en métal, attachée à un crochet à l'une de ses extrémités. Deux chevalets fixés sur la caisse, à distance de 637 millimètres l'un de l'autre dans notre sonomètre, supportent la corde, qui s'enroule ensuite sur une poulie et porte à son extrémité libre un poids convenable pour lui faire rendre l'ut$_5$ lorsqu'elle vibre à vide dans toute sa longueur. Sur la surface de la caisse et au-dessous de la corde, on tracera les divisions et subdivisions de la col. *e* ou de la col. *f*, de l'ex. 49, et afin que la corde, vibrant à vide, rende l'ut$_5$ en rapport avec le diapason normal, on arrête à la division 3/5 un troisième chevalet mobile et glissant sous la corde sans la toucher ; on presse légèrement avec le doigt la corde sur l'arête de ce chevalet ; on fait vibrer la corde réduite, c'est-à-dire la plus courte partie de la corde ; et, pendant qu'elle vibre, on augmente ou diminue convenablement le poids, pour qu'elle rende le la$_5$ du diapason. Lorsqu'il y a unisson entre la corde et le diapason, le sonomètre est monté et peut servir d'*Accordeur*, en mettant à l'unisson avec les notes de ses divisions et subdivisions les notes de l'octave d'ut$_5$ de l'instrument à accorder, puis celles des autres octaves, en prenant une note de l'octave accordée et la note de même nom de l'octave à accorder ; par exemple, en frappant la touche d'ut$_5$ et celle d'ut$_4$ ou d'ut$_6$; la touche de ré$_5$ et celle de ré$_4$ ou de ré$_6$, etc.

283. OBSERVATION : Les valeurs relatives de la col. k, ex. 49, sont le carré des valeurs relatives de la col. e, et peuvent servir pour les calculs à faire concernant les longueurs et les vibrations des lames ou des tiges.

TABLE ALPHABÉTIQUE

(Les chiffres renvoient à l'alinéa.)

ABRÉVIATIONS, 113, 121, 167.
A, e, i, o, ta, té, ti, épellation des toniques, 88.
A CAPELLA, mesure à deux temps, indiquée dans la notation usuelle par un C barré et dans la nouvelle, par deux points au-dessous de 2, 32.
ACCENT grammatical ou prosodique, 96, 144, 145.
ACCIDENTS, altération des notes autres que celle qui est amenée par l'accord des tonales, 75, 81 ; produisant la modulation feinte, 240.
ACCOMPAGNEMENT, 163, 238.
ACCORD, 167 et suiv. ; majeur, mineur, 189.; tonal, transitif, 192.
ACCORDER, mettre au même ton, ou au ton juste, des voix, des cordes ou des instruments, 111, par rapport au diapason normal, 282.
ACCORDOIR, clef à trou rectangulaire ou carré, ou poids convenable pour tendre ou détendre les cordes d'un instrument, 282.
ADAGIO, un des six principaux mouvements, 269.
ALLA BREVE, mesure à 4 temps, indiquée dans la notation usuelle par 2, et dans la nouvelle par le *temps* de la quadruple augmenté d'un point, soit par le trait à deux points à droite, 73.
ALLA ZOPPA, avec syncopes ou accentuation des temps faibles de la mesure, synonyme de contre-temps.
ALLEGRO, un des 6 principaux mouvements, 269.
ALTO, la plus élevée des voix d'hommes, 131.
ACCACCIATURE, APPOGIATURE, ordinairement notes de passage en harmonie, en abrégé acc., app., on passe légèrement sur l'acc. et l'on appuie sur l'app.
ARPÉGE, notes d'un accord produites rapidement une à une, 167.
BARYTON, seconde voix d'homme du grave à l'aigu, 131.
BARRES, 22, 140.
BASSE, la plus grave des voix ordinaires d'hommes, 131, fondamental, ou son générateur des harmoniques d'un accord, au bas de l'accord dans l'état direct, 170 et suiv., voix ou instruments exécutant les notes graves des accords, 161.
BATTERIE, espèce d'arpége renfermant des notes étrangères à l'accord.
BÉMOL, mot impropre, remplacé par le mot hypodièse, 75.
BINAIRE, Ternaire (rhythme), 26 et suiv.
CADENCE, 232 et suiv.
CANON, sorte de fugue, dont le chant est répété à diverses distances par les différentes parties se servant d'accompagnement les unes aux autres.

CARRÉS harmoniques, 198, 201.
CARILLON, 112, 274, 280.
CHANT en parties, 159 et suiv.
CHŒUR, 160.
CLAVIER, Ex. 1 et 2.
CLOCHES, 112, 274.
COMMA, 84.
COMPLÉMENT, intervalle qui complète l'octave, 70.
CONCERT, 1° réunion ou association de musiciens qui exécutent des morceaux de musique vocale ou instrumentale ; 2° pièce de musique vocale ou instrumentale avec *solo*, accompagné alternativement par quelques instruments seulement, dès l'entrée en plein orchestre.
CONTRALTO, la plus grave des voix de femme, 131.
CONTRE, contra, son ou voix, ou note plus grave relativement à d'autres de même genre : *Contralto*, plus bas que l'*Alto* ; Contre-Basse, basse à archet plus grave que la Basse à archet ; Contra-*F*, Contra-*C*, etc., à l'octave grave de *fa*, *d'ut*, 1re octave à lettre majuscule des anciens et des Allemands.
COULÉ, trait arqué sous lequel on passe toutes les notes qu'il réunit avec l'articulation de la première seulement.
CRESCENDO, en augmentant, *minuendo* en diminuant peu à peu l'intensité du son, 116.
DEMI-TON, expression inexacte remplacée par *seconde mineure*, 57.
DÉTACHÉ, silence plus ou moins long entre les notes, indiqué par le signe silence convenable, Ex. 8 et 10.
DIAPASON, 1° degrés que peut parcourir une des voix, 131 ; 2° instrument en acier donnant un ton absolu au moyen duquel on accorde les instruments. Le diapason normal rend 435 vibrations doubles ou 870 vibrations simples en une seconde, 112.
DIÈSE, bémol, 73 et suiv., engendrés dans la gamme diatonique par l'accord tonal, 91 et suiv.
DOIGTÉ, *Doigter*, 244 et suiv.
FA, 3me ton du plain-chant, sous-dominante en mode *majeur*, sixte en mode *mineur*, quinte en mode *neutre*.
FAUCET, ou *Fausset*, voix excédant le *medium*, 131, 132.
FILÉS, sons prolongés sans reprendre haleine, 135 et suiv.
FINALE ou tonique, 127.
FORMULES, 194.
FUGUE, pièce de musique dans laquelle chaque voix, fonctionnant comme principale, répète alternativement le thème, soit sujet ou phrase principale, sans servir d'accompagnement aux autres, jusqu'à la fin où la Stretta réunit toutes les voix.
GAMME, harmonique, diatonique, 50 et suiv., distincte à la vue par l'espèce propre des notes, ex. 3 et 4, 225 demeurant diatonique dans tout ton et dans tout mode par la tonique, 87.
GUIDON, 47 et suiv.
HARMONIE, 168, *Harmoniques*, 53.
INTERVALLE, 60 et suiv.
INSTRUMENTS, 1er son grave, 111.
Intonation naturelle et facile par la pratique des harmoniques, 42, 122, 281, des psaumes, 147, 157.
LA (gamme ou ton de), type de tous les tons et modes mineurs modernes, 99, mode plagal du 1er ton du plain-chant, 255 ; sixte mineure du ton *d'ut*.
MAJEUR, 2e majeure, 57, intervalle, 66, 67, mode, 91.
MÉDIATION, 151 et suiv.

MÉDIANTE, 1ᵉʳ harmonique du ton d'ut à l'état direct.
MÉLODIE, 164, voix ou instrument chantant seul, ou plusieurs voix ou instruments chantant à l'unisson, 164.
MESURE, division d'un morceau de musique en parties égales par la barre ou par le temps fort, 19. Il y a des mesures à 1, à 2, à 3, à 4, et même à 5 temps ; dans celle-ci, il convient de battre les deux premiers temps, 25.
MÉTRONOME, 30, 269, 282.
MEZZO-SOPRANO, voix moyenne entre le soprano et le contralto, 131.
MI, 2ᵉ ton du plain-chant, 127, 1ᵉʳ harmonique, médiante et transitive du mode majeur, 94, quinte des modes mineurs modernes, 92, sous-dominante et une des tonales du mode neutre.
MINEUR, mode, 92, 2ᵉ mineure, 57.
MIXTE, ton authente modulant au plagal, ou vice versa, 158, accord mixte ou neutre, 191.
MNÉMONIQUE. Notre notation est mnémonique sous plusieurs rapports, par exemple dans les accords ; ainsi l'accord d'*ut* est rappelé par la couleur noire, ou par la forme arrondie, ou par le trait plein, tandis que l'accord de *ré* est rappelé par la couleur blanche, ou par la forme anguleuse ou par le trait aminci à l'un de ses bouts, ex. 3 et 4.
MODALES, 225.
MODE. Il y en a deux d'usités, 91, il devrait y en avoir trois, autant qu'il y a d'espèces d'accords dans la gamme harmonique, 258.
MODULATION, 237 et suiv.
MONOCORDE ou Sonomètre, 282.
MONOGAMMIE, gamme diatonique distincte à l'œil par la note propre à chaque mode, 258, ex. 3 et 4.
MOUVEMENT, 12 et suiv., 19, 218.
MUANCES, mi-fa, ou fa-mi, si-ut, ou ut-si, seconde mineure diatonique, servant autrefois, et même encore aujourd'hui, chez certains peuples, pour solfier tout intervalle diatonique ou accidentel d'une seconde mineure, 83.
NEUTRE (accord neutre ou mode), 191, 259, 243.
NOTATION, sur la portée, 5, sans la portée, 37, en formules, 194.
NOTES, 10 et suiv., 194, tonales, 65, de passage, 226, prosodiques, 41.
NUANCES, agréments du chant par le *forte* (*f*), le doux (dol) le *piano* (*p*) le *pianissimo* (*pp*).
OCTAVE, huitième note de la gamme, réplique de la prime en montant ou en descendant, 54, règle d'octave, 205, de quinte, 214, 216
PÉDALE, 246, 247.
PLAIN-CHANT, 123 et suiv., harmonié, 252 et suiv.
POINT, rond, temps de l'unité binaire ; allongé, temps de l'unité ternaire, 15 ; au-dessous d'une note figurée, il prolonge la note de la moitié de sa durée, s'il est rond ; du tiers, s'il est allongé ; même effet au-dessus, ou au-dessous d'un autre temps, 15 et suiv.
PORTÉE, 5, peut recevoir toute espèce de notes, 258.
PROLONGATIONS, dissonances, 185, 246.
PSALMODIE, 141.
RE, prime du 1ᵉʳ ton du plain-chant, 125.
REDOUBLEMENT, 64, 221.
REGISTRE de la voix. Il y en a trois : la voix de poitrine, celle du medium et celle du fausset, 131.
RELATIF (ton) à distance de tierce mineure, 104, 253.
RELATION, 229.
RENVERSEMENT des accords, 174 et suiv., des intervalles, 68.
RHYTHME, binaire, ternaire, 13, 27 et suiv.
SECONDE, majeure, mineure, 58.

Sensible, soustonique, 82 ; en mode mineur moderne, elle constitue une gamme factice et une irrégularité en plain-chant, 252.

Si, prime du mode neutre, 259, 7me ou sensible du mode majeur moderne.

Silences et soupirs, 40, admettent le point augmentatif ou diminutif de durée, 15.

Sol, prime du 4me ton du plain-chant, 125.

Solfier, chanter en nommant les notes, 133.

Solo, voix ou instrument exécutant seul, 160.

Sonomètre, 282.

Soprano ou Dessus, la plus aiguë des voix de femmes, 131.

Syncope, 36.

Symphonie, pièce de musique pour l'orchestre.

Tempérament, égalisation absolue ou approximative des 12 secondes mineures qu'on peut former dans la gamme chromatique par le partage des 5 secondes majeures de la gamme diatonique en 2 secondes mineures, afin de pouvoir exécuter les deux secondes mineures diatoniques et le dièze et l'hypodièze avec les huit touches d'une octave.

Temps, durée d'une mesure, ou subdivisions égales d'une mesure, appelées elles-mêmes *temps*, 20 et suiv.

Teneur, 150.

Ténor, 3me des voix d'homme du grave à l'aigu, 131.

Tenue, note soutenue dans la réalisation d'une suite d'accord, dont elle fait partie, le trait plein et le trait aminci à l'opposé des formules, 24 (bis), 646.

Tierce, 61, 66.

Tonales.

Ton, différents sens de ce mot, 65, 87.

Tonalité, 90, 96, 213, 258.

Tonique, 87, 88, prime en tout ton, finale en plain-chant, 65.

Tons du plain-chant, 125, modernes, 91 et suiv., 259.

Touches, 1° leviers du clavier de l'orgue et d'autres instruments ; 2° partie supérieure des instruments à archet ; 3° filets dans le manche de la guitare, disposition nouvelle des touches, ex. 1 et 2.

Traduction ou transcription en notation nouvelle par le changement des notes, 98, 218.

Transitives, 95.

Transition, passage d'un mode à un autre mode sans changer de degré, ou d'un ton à un autre ton sans l'annoncer par l'accord de 7me de dominante ou autre.

Transposition, changement de ton en prenant la tonique à un degré plus haut ou plus bas, 98.

Transpositeur, 100, 107.

Tremolo (*tr.*), agrément de chant.

Trille (*tri.*), répétition rapide de deux notes à distance de seconde.

Vibrations, l'expression numérique des vibrations est inverse de celle des longueurs ; c'est-à-dire, les cordes les plus longues donnent moins de vibrations, et ont le plus petit nombre au numérateur, et les cordes les plus courtes rendent plus de vibrations et ont le plus petit nombre au dénominateur.

Planche 1.

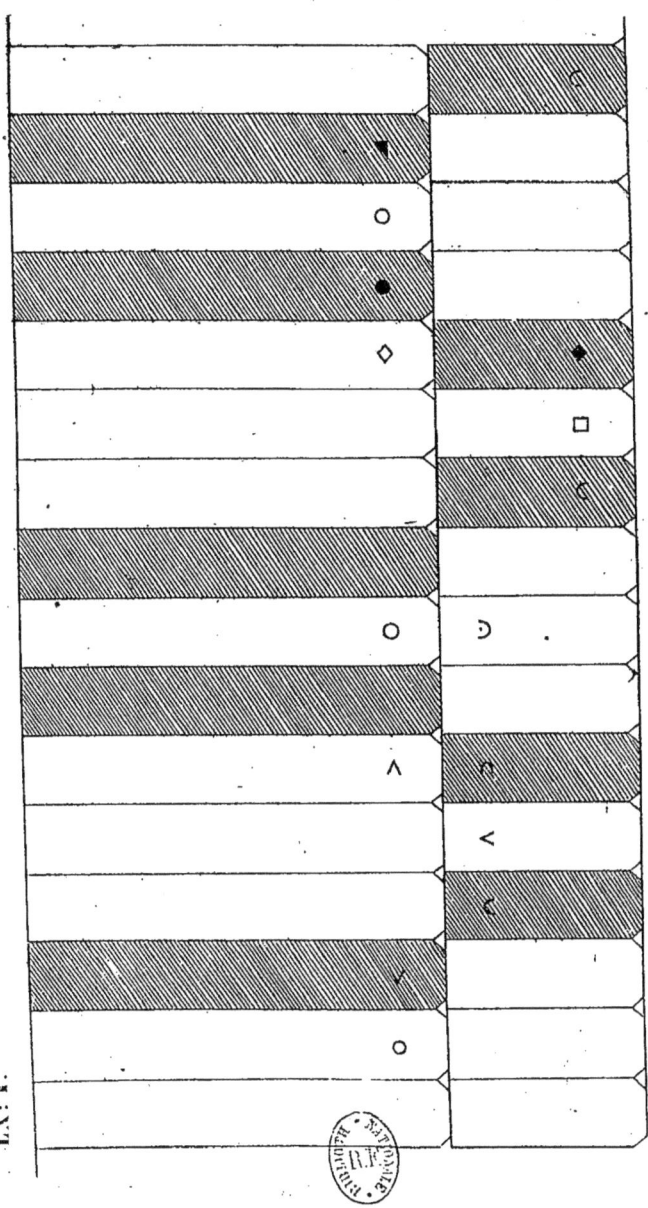

Brevet d'invention par l'Abbé Me Dépierre. S.G.D.G.   PROPRIÉTÉ   Annecy. Lith: E. Margueret 19 Août 1871.

Planche 2.

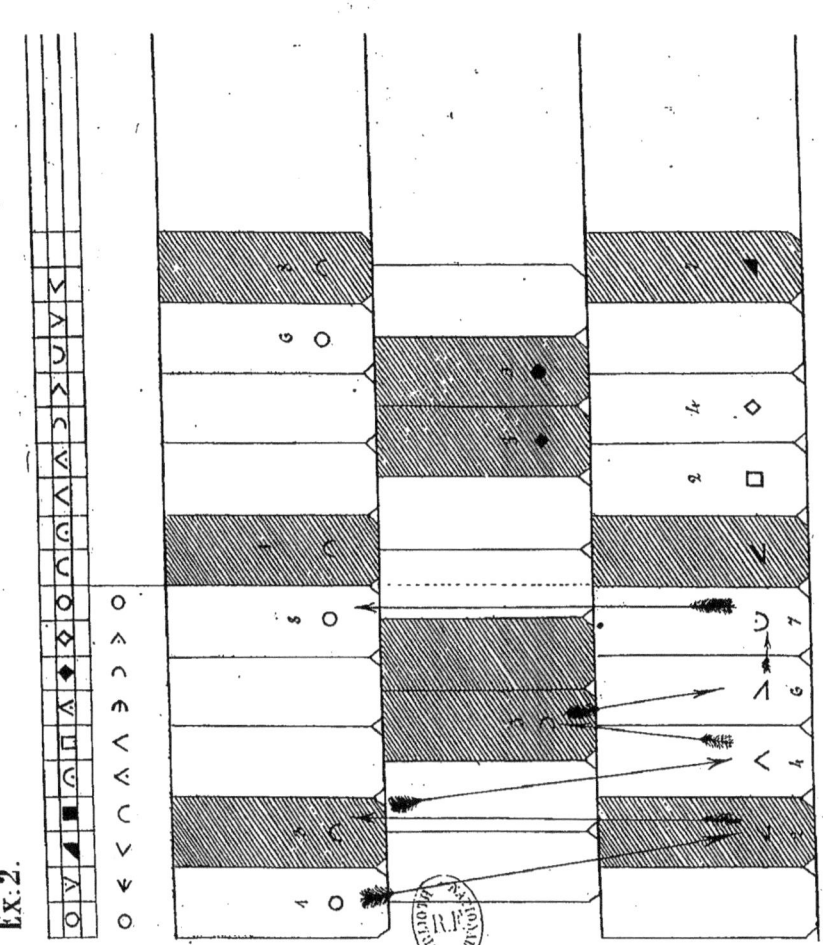

Planche 3.

Ex: 3.

■	□	◆	◇	●	○	◢	Mode majeur
ut	ré	mi	fa	sol	la	si	et
a	é	i	o	ta	té	ti	toniques du m. mineur.

Ex: 4.

a
⌒	∧	⊃	>	∪	∨	∠	Mode mineur
ut	ré	mi	fa	sol	la	si	et
a	é	i	o	ta	té	ti	toniques du m. majeur.

b
⌒	∧	⊃	>	∪	∨	∠	Dièses.
ut	ré	mi	fa	sol	la	si	
a	é	i	o	ta	té	ti	

c
⌒	∧	⊃	>	∪	∨	∠	Hypodièses.
ut	ré	mi	fa	sol	la	si	
a	é	i	o	ta	té	ti	

d
⌒	∧	⊃	>	∪	∨	∠	Toniques diésées.
ut	ré	mi	fa	sol	la	si	
a	é	i	o	ta	té	ti	

e
⌒	∧	⊃	>	∪	∨	∠	Toniques hypodièsées.
ut	ré	mi	fa	sol	la	si	
a	é	i	o	ta	té	ti	

f
| ı | ı | \ | \ | / | / | ı | Notation prosodique. |
| ut | ré | mi | fa | sol | la | si | |

Ex: 5.

a
⌒	□	◆	◇	●	○	◢
a	ré	mi	fa	sol	la	si

b
| ■ | ı | \ | \ | / | / | ı |
| a | ré | mi | fa | sol | la | si |

c
| ○ | ∠ | ⌒ | ∧ | ⊃ | > | ∪ | ○ |
| té | si | ut | ré | mi | fa | sol | té |

d
| ○ | ı | ı | ı | \ | \ | |
| | | | | | | |

a'
| ⌒ | • | ○ | ◇ | ◆ | □ | ⌒ |
| a | si | la | sol | fa | mi | ré | a |

b'
| ■ | ı | / | / | \ | \ | ı | ■ |
| a | si | la | sol | fa | mi | ré | a |

c'
| ∪ | > | ⊃ | ∧ | ⌒ | ∠ | ○ |
| sol | fa | mi | ré | ut | si | té |

| ∪ | \ | ı | ı | ı | ○ |

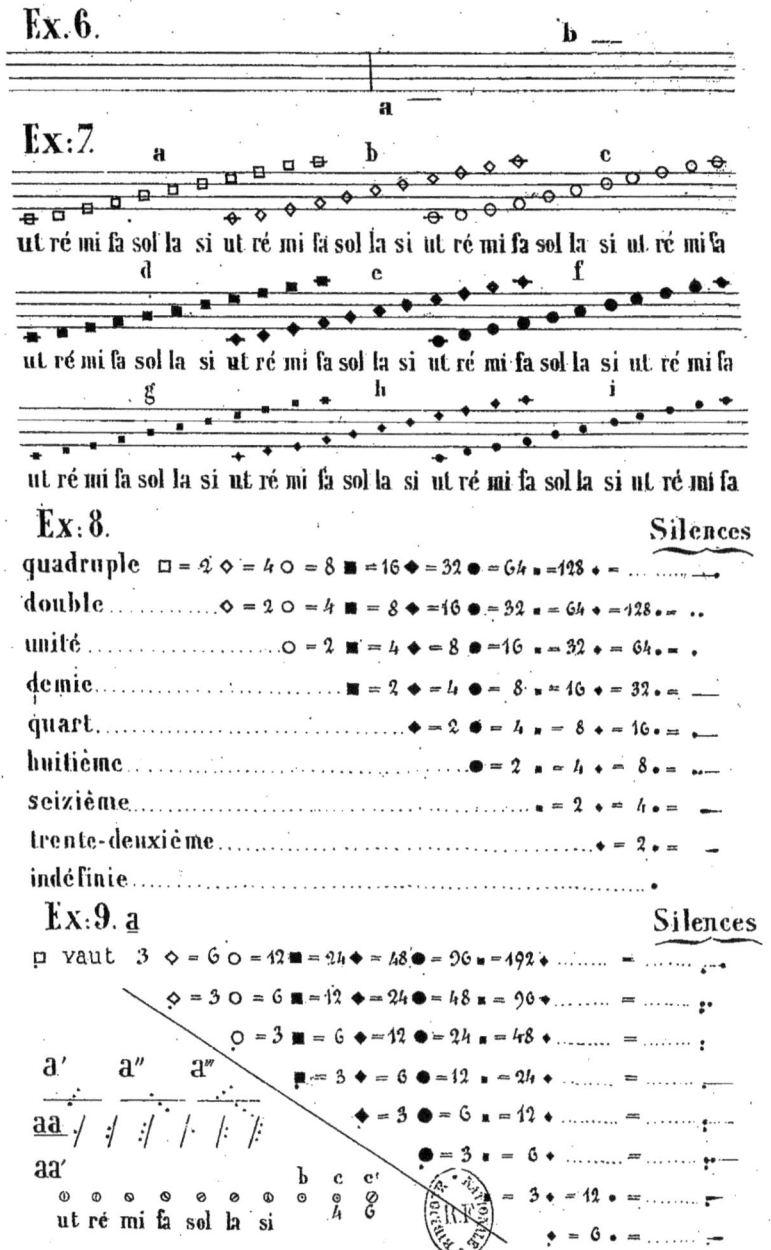
Planche 4.

Planche 5.

Ex: 10 Silences

nonuple □ = 3 ◇ = 9 ○ = 27 ■ = 81 ◆ = 243 ● .... =
triple .... ◇ = 3 ○ = 9 ■ = 27 ◆ = 81 ● = 243 ■ =
unité .... ○ = 3 ■ = 9 ◆ = 27 ● = 81 ■ = 243 ◆ .... =
tiers .... ■ = 3 ◆ = 9 ● = 27 ■ = 81 ◆ = 243 ● ... =
neuvième .... ◆ = 3 ● = 9 ■ = 27 ◆ = 81 ● ... =
vingt-septième .... ● = 3 ■ = 9 ◆ = 27 ● ... =
quatre-vingt-unième .... ■ = 3 ◆ = 9 ● ... =
deux-cent quarante troisième .... ◆ = 3 ● ... =
indéfinie .... ●

Ex: 11.   Notes   Silences.

Ex: 12.   Silences   **Ex: 12 bis.**   Pédale — Basse_Tenue

□ = 4 ○ = 8 ○ = 16 ■ = 32 ◆ = 64 ● etc. =
◇ = 4 ○ = 8 ■ = 16 ◆ = 32 ● etc. =
○ = 4 ■ = 8 ◆ = 16 ● etc. =
■ = 4 ◆ = 8 ● etc. =

ut ré mi fa sol la si

Ex: 13.
a   b
ut ré mi fa sol la si ut ré mi fa   ut ré mi fa sol la si ut ré mi fa

Ex: 14.

Ex: 15. a **Ex: 16.** b

Ex: 17.

etc.
etc.

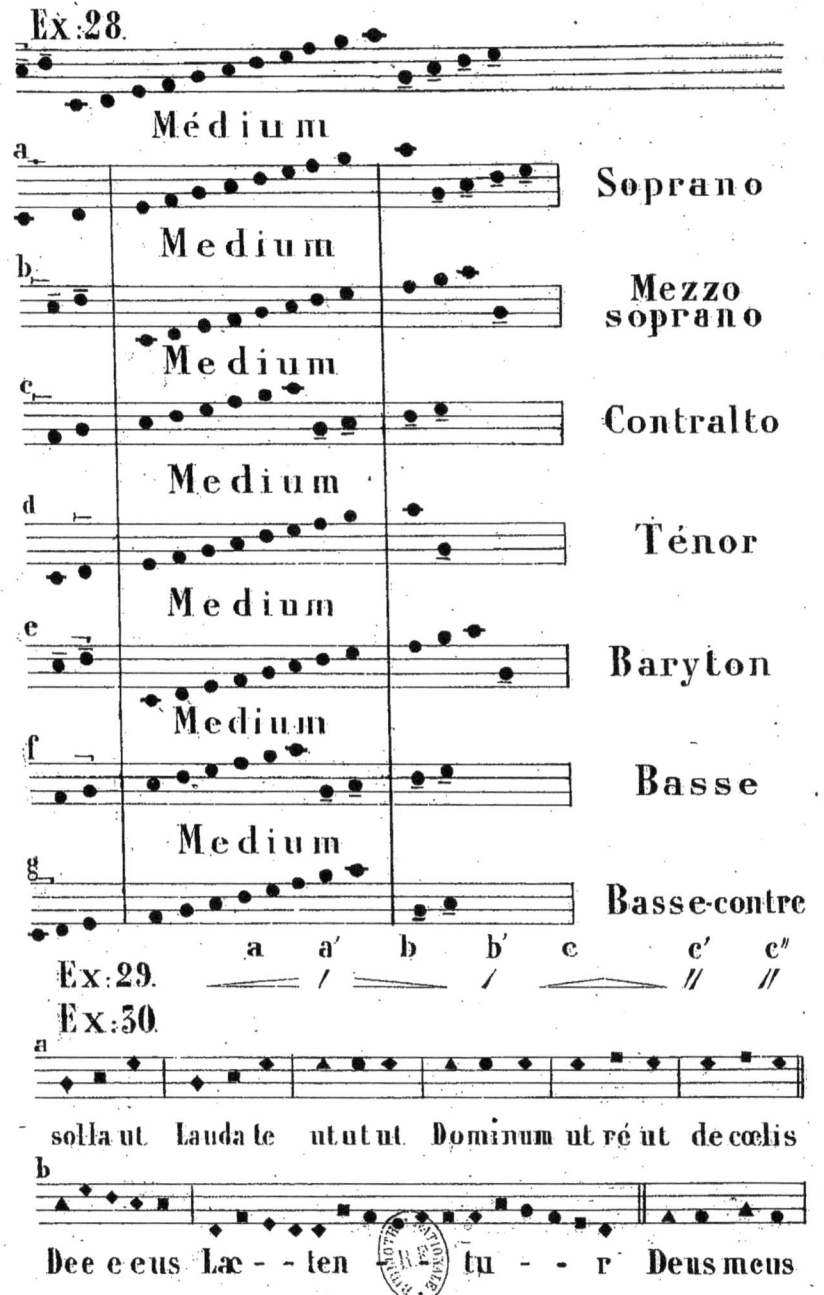

Planche 8.

Planche 9.

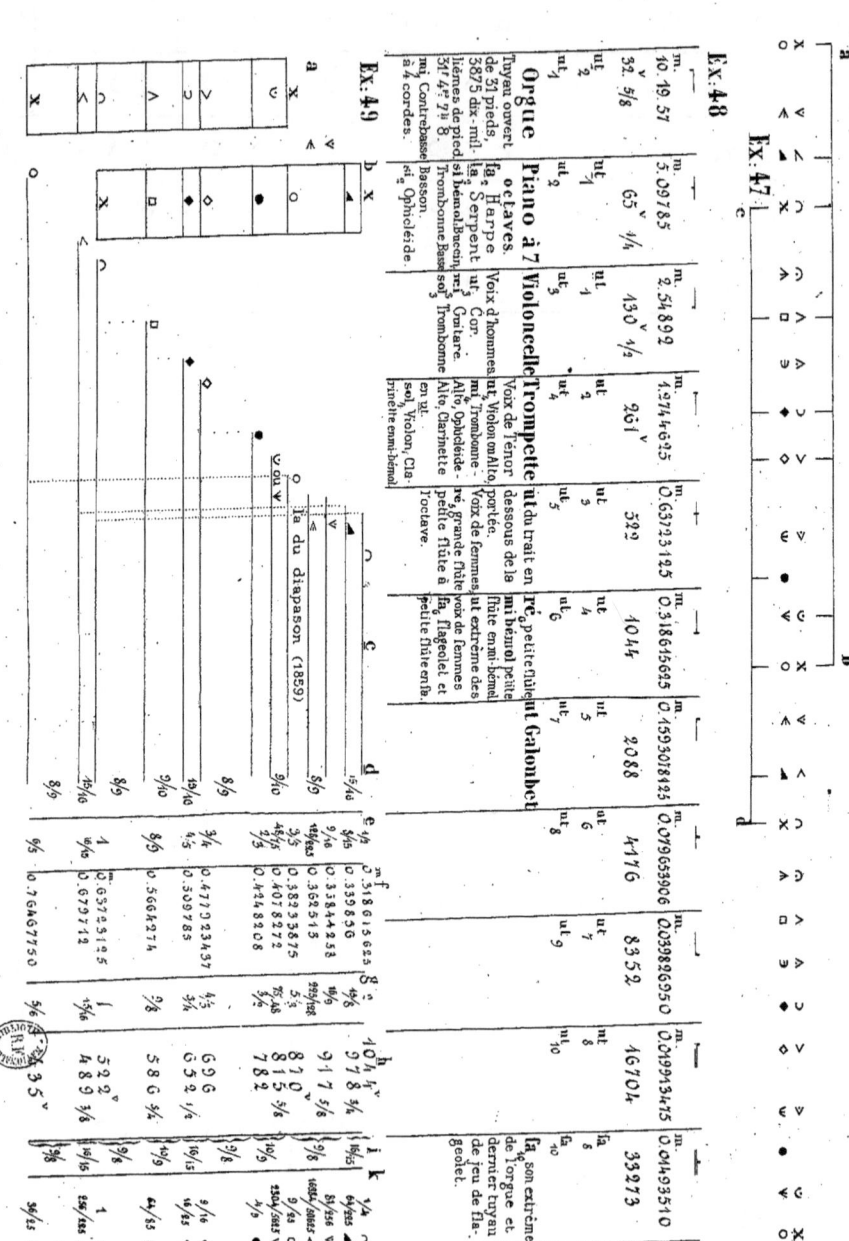

Planche 11.

Ex: 50.

Ex: 51.

Ex: 52.
a b

Ex: 53.
a

b

Ex: 54 a b

Ex: 54 (bis). Musique de Mozart.

Soprano

Ténor

Basse
En pré-sen-ce des an-ges, O mon Dieu mon Sei-gneur!

Soprano

Ténor

Basse
Je chante vos lou-an-ges Et de bouche et de cœur.

Ex: 55.

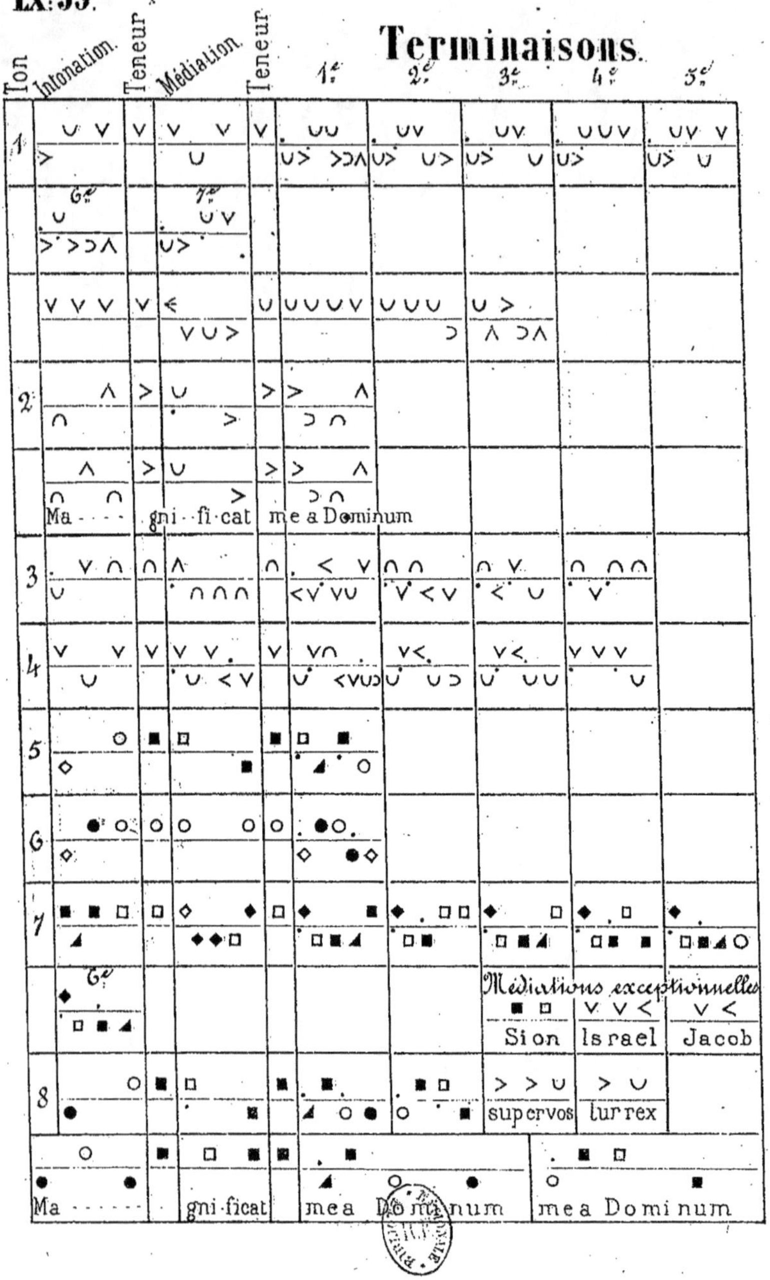
Ton
Intonation.
Teneur
Médiation.
Teneur
Terminaisons.
1e
2e
3e
4e
5e
6e
7e
Ma - - - - gni - - fi - cat me a Dominum
Médiations exceptionnelles
Si on
Is rael
Jacob
super vos
tu rex
Ma - - - - - - gni - ficat mea Domi num mea Domi num

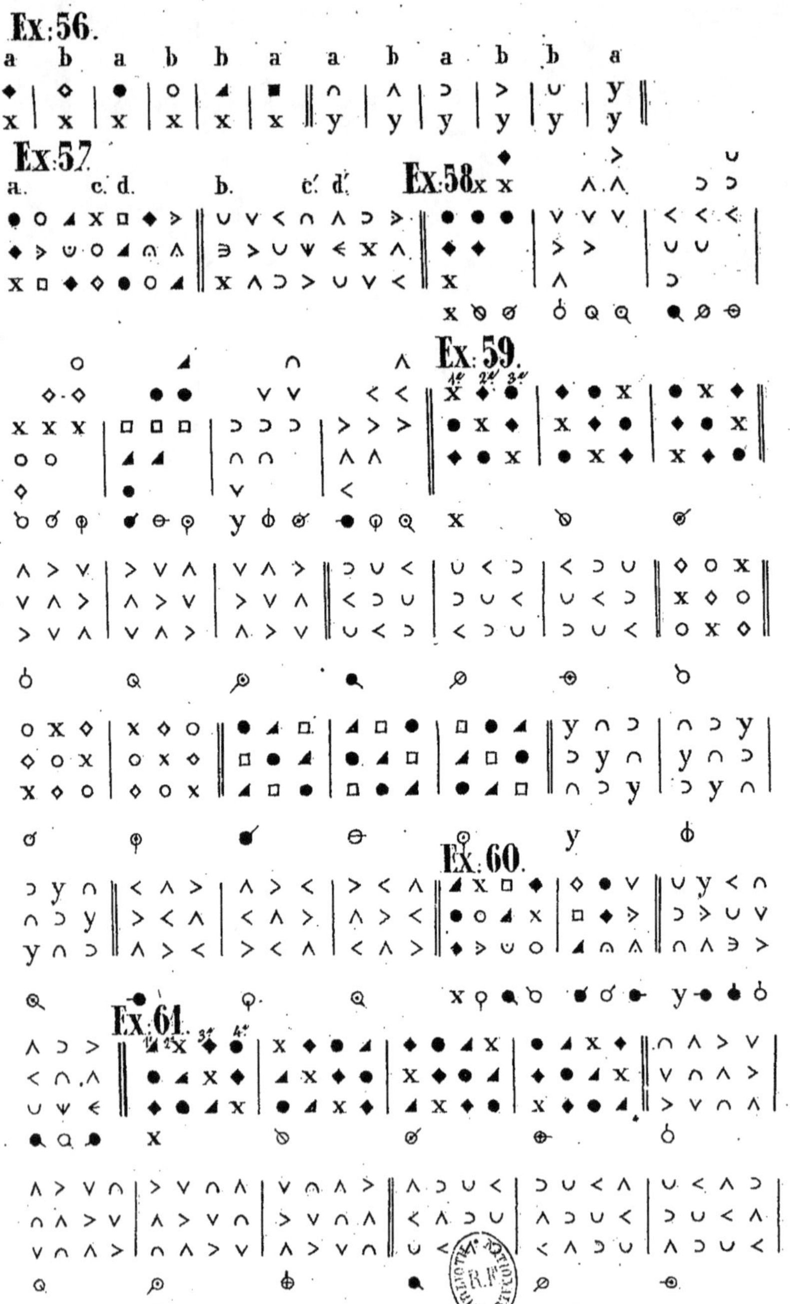
Ex: 56.
Ex: 57
Ex: 58
Ex: 59.
Ex: 60.
Ex: 61.

Planche 14

Planche 15

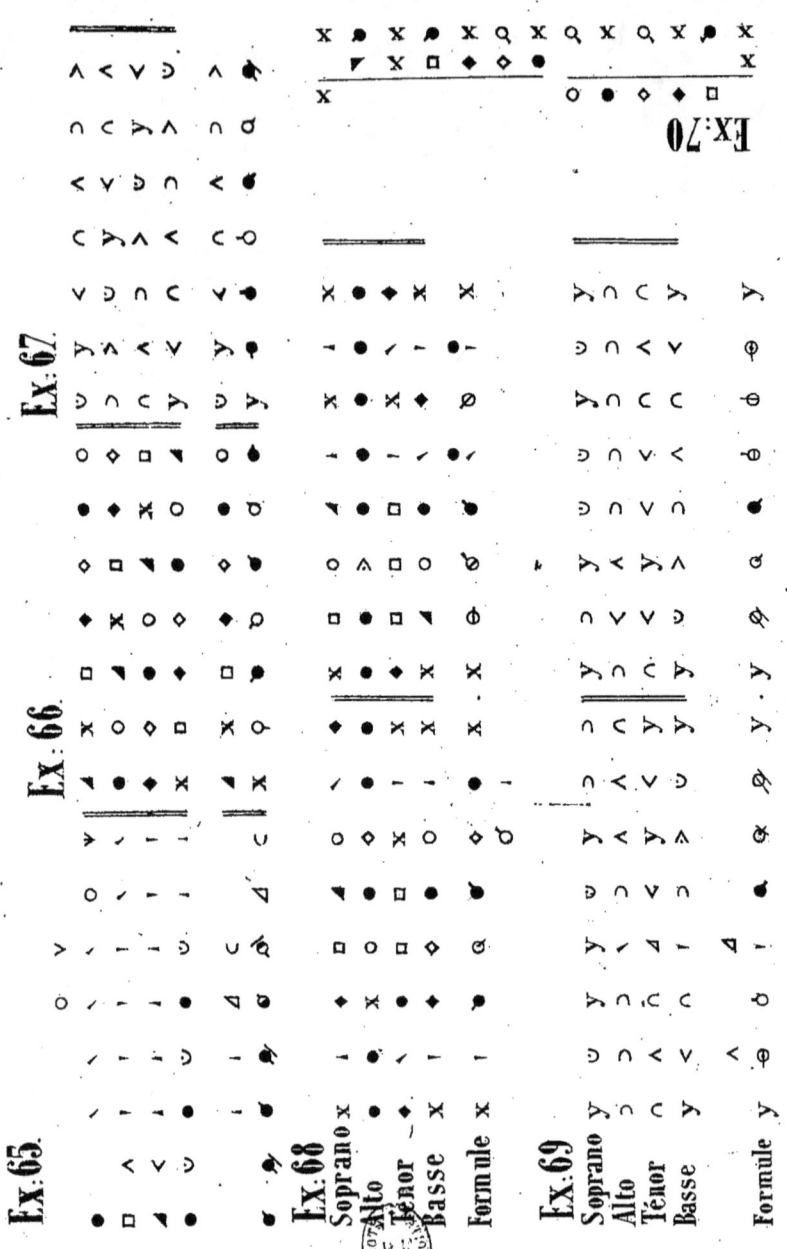

Planche 1

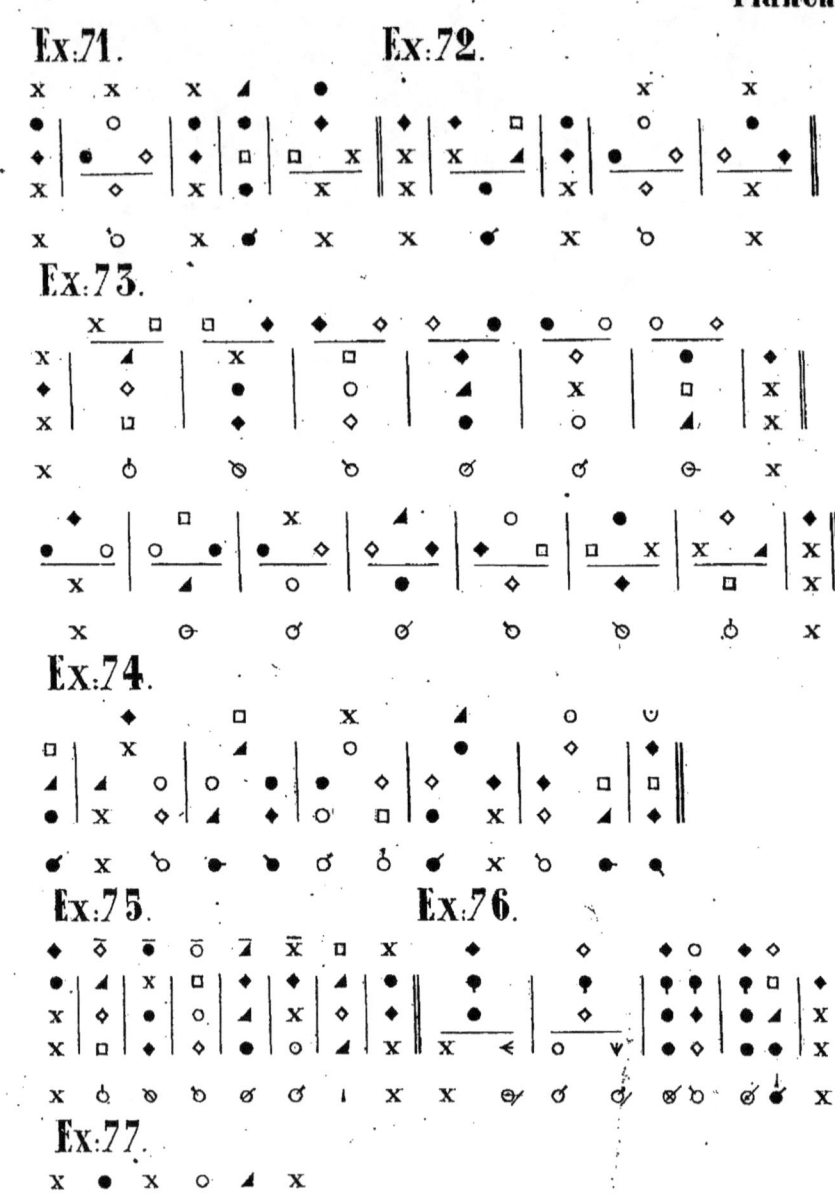

www.ingramcontent.com/pod-product-compliance
Lightning Source LLC
LaVergne TN
LVHW020954090426
835512LV00009B/1897